Rotinas Trabalhistas

Extinção do Contrato Individual de Emprego

José Damasceno Sampaio

Advogado, formado pela Faculdade de Direito da Universidade Federal do Ceará, em 1977. Pós-graduado em Direito Tributário e em Direito do Trabalho e Processual do Trabalho, pela Universidade de Fortaleza/Unifor. Especializado em Direito Empresarial pela Pontifícia Universidade Católica de São Paulo - PUC/SP. Parcerista e Palestrande. É autor de vários livros, destacando-se entre eles, Nova Legislação do ICMS no Transporte Rodoviário de Cargas; ICMS no Transporte; Organização Judiciária do Estado do Ceará; Manual de Orientação na Contratação do Carreteiro Autônomo; A Distribuição e o Atacado no Estado de São Paulo – Guia de Contratos & Tributos; Guia da Substituição Tributária no ICMS do Estado de São Paulo; e Manual da Nota Fiscal Eletrônia NF-e. É consultor de empresas e de entidades empresariais, nos Estados do Nordeste e em São Paulo. Autor de diversas monografias e artigos publicados em jornais e revistas especializadas. É presidente da Academia Cearense de Letras Jurídicas.

Rotinas Trabalhistas

Extinção do Contrato Individual de Emprego

2ª Edição

LTr®

EDITORA LTDA.

Rua Jaguaribe, 571
CEP 01224-001
São Paulo, SP – Brasil
Fone: (11) 2167-1101
www.ltr.com.br

Produção Gráfica e Editoração Eletrônica: Peter Fritz Strotbek
Projeto de Capa: Raul Cabrera Bravo
Impressão: Digital Page

LTr 4720.6
Janeiro, 2013

Dados Internacionais de Catalogação na Publicação (CIP)
(Câmara Brasileira do Livro, SP, Brasil)

Sampaio, José Damasceno
Rotinas trabalhistas : extinção do contrato individual de emprego / José Damasceno Sampaio. — 2. ed. — São Paulo : LTr, 2013.

Bibliografia.
ISBN 978-85-361-2421-6

1. Administração de pessoal — Leis e legislação — Brasil 2. Administração de pessoal — Manuais, guias etc. 3. Contratos de trabalho — Brasil 4. Direito do trabalho — Brasil 5. Previdência social — Leis e legislação — Brasil 6. Rescisão (Direito) — Brasil I. Título.

12-12448 CDU-34:331.108(81)

Índices para catálogo sistemático:

1. Brasil : Rotinas trabalhistas : Departamento pessoal : Direito do trabalho 34:331.108(81)
2. Brasil : Rotinas trabalhistas : Administração de pessoal : Direito do trabalho 34:331.108(81)

Dedico esta obra a todos os operadores do Direito do Trabalho,
à minha mulher Elda Damasceno,
a meus filhos, Caroline, Carine e Tiago,
e a meus netos, Bianca e José.

Sumário

Apresentação

Este livro tem como finalidade a apresentação, de forma prática e sucinta, dos cuidados, obrigações e direitos devidos nas relações de emprego e, em especial, a extinção do contrato individual de trabalho.

Selecionamos os principais pontos, desde a entrevista na seleção do futuro contratado até a rescisão contratual, por suas diversas motivações, e a posição do Ministério do Trabalho e Emprego quanto às homologações do Termo de Rescisão do Contrato de Trabalho e os reflexos do aviso-prévio.

Alguns pontos abordados são fruto da experiência vivida por mais de três décadas nas lides trabalhistas judiciais e não contenciosas.

Uma contratação cuidadosa evita dissabores durante a relação de emprego; e a forma aplicada no ato da rescisão poderá ser fator de reclamação ou não.

Também tivemos o cuidado de tecer comentários sobre o novo aviso-prévio proporcional estabelecido pela Lei n. 12.506/2011 e pelo sistema de controle de trabalho à distância, estabelecido pela Lei n. 12.551/2011.

Por isso, esperamos que as anotações seguintes sejam de valor e importância na vida das empresas e dos trabalhadores, diminuindo o tão angustiante passivo trabalhista e combatendo a tão acentuada indústria de reclamações.

Capítulo 1 – Da Contratação

Para a contratação de um novo empregado, a empresa precisa tomar algumas precauções que possibilitarão a seleção da pessoa adequada para o cargo a ser preenchido.

Hoje já existem no mercado diversas empresas que se dedicam à seleção e encaminhamento de pessoal. Porém as especificações do cargo só serão devidamente esclarecidas no ato da contratação.

Assim, as condições do contrato devem ser expostas de forma clara, dando ao futuro empregado o conhecimento pleno de suas obrigações, de seus direitos, das funções, horários, hábitos da empresa na concessão de férias, remuneração e forma de pagamento, planos de saúde etc.

É necessária a consciência de que, embora a relação de emprego determine a subordinação do empregado ao empregador, **o que deve prevalecer é a parceria entre subordinado e chefe.**

1.1. Documentos necessários na contratação

- Carteira do Trabalho e Previdência Social
- Cédula de Identidade
- Título de eleitor
- Certificado de reservista (para candidatos do sexo masculino)
- Declaração de frequência escolar para o menor estudante
- Cadastro de Pessoa Física (CPF)
- Exame médico admissional
- Fotografias
- Certidão de casamento (se houver)
- Certidão de nascimento dos filhos menores de 14 anos ou inválidos de qualquer identidade (salário-família)
- Caderneta de vacinação dos filhos menores de seis anos
- Termo de responsabilidade do salário-família
- Pedido de emprego
- Termo de Declaração do Vale-Transporte
- Cadastro no PIS
- Declaração de dependentes para fins do cálculo do IRRF

A empresa deverá ainda preencher a CTPS do empregado; o livro, ficha ou outro sistema de registro; o contrato de experiência (se for o caso); e o controle de ponto.

Se o cargo enquadrar-se nas disposições do art. 62 da CLT (ausência de controle de jornada), tal situação deve ser registrada no contrato de trabalho.

Capítulo 2 – Do Contrato Individual de Trabalho

Define a Consolidação das Leis do Trabalho — CLT, em seu art. 442, que o contrato individual de trabalho é o acordo tácito ou expresso, correspondente à relação de emprego.

Dúvida não existe de que a relação de emprego nasce de um contrato, tácito ou expresso, firmado entre o empregador e o empregado, e, às vezes, por imposição estatal, em substituição a uma das partes (Valentin Carrion).

Muitas críticas surgiram em torno da denominação de contrato individual de trabalho: correntes defendem que deveria ser contrato de emprego, outras contrato de trabalho subordinado etc. A verdade é que nunca se chegou a um denominador comum.

Valentin Carrion, condenando as críticas formuladas ao texto legal, citando Bessore, afirma que "é claro que o legislador não confundiu, como muitos afirmaram, o contrato, ou seja, o pacto, o elemento subjetivo, que é a relação ou poder jurídico constituído, regulado ou extinto pelo consentimento", e define que "O contrato de trabalho é de direito privado, consensual, sinalagmático (bilateral), comutativo (equivalência das prestações), de trato sucessivo, oneroso e subordinativo".

Evaristo de Morais Filho leciona que, além das características mencionadas por Valentin Carrion, o contrato de trabalho é do tipo de adesão.

É verdade que, ao analisarmos o conceito de contrato de trabalho frente ao Direito consolidado, devemos levar em conta as características que fundamentam a relação de emprego, que fundamentam o vínculo empregatício.

Segundo Hugo Bernardes, a diferença de contrato de trabalho propriamente dito para o contrato de trabalho — que envolve outros tipos de prestação de serviço — consiste na não eventualidade e na subordinação. Para ele, "o contrato de trabalho é o ajuste relativo à prestação de trabalho não eventual de uma pessoa em proveito de outra que assalaria e dirige".

Devemos levar em conta, ainda, que o contrato de trabalho, propriamente dito, só pode ser firmado tendo em um polo uma pessoa física (o empregado) e no outro, como empregador, uma pessoa física ou jurídica.

Pelos caracteres da não eventualidade, onerosidade, subordinação e existência de uma pessoa física como parte pactuante (pessoalidade), diferencia-se o contrato de trabalho dos demais contratos.

Chamamos a atenção para o fato de que o contrato de trabalho, além das características e condições já mencionadas, para ter plena validade, deve se submeter às condições de validade previstas no Código Civil, legislação correlata e subsidiária, ou seja, capacidade das partes, objeto legal ou não defeso em lei, boa-fé, probidade, função social etc.

Funda-se ainda o contrato de trabalho nos seguintes princípios: princípio da proteção, princípio da irrenunciabilidade, princípio da continuidade, princípio da primazia da realidade e princípio da razoabilidade.

2.1. Contrato expresso

Estabelece o art. 443 da CLT que o contrato individual de trabalho poderá ser acordado tácita ou expressamente, verbalmente ou por escrito e por prazo determinado ou indeterminado.

Desse dispositivo, temos que o contrato firmado verbalmente ou por escrito é o contrato expresso.

Não podemos interpretar esse dispositivo de forma literal. Claro que o contrato de trabalho pactuado verbalmente pode trazer problemas para o empregador, só resguardando o direito do empregado, direito esse já previsto em lei e que prevalecerá, sempre, mesmo nos contratos estabelecidos de forma tácita, como veremos no item seguinte deste trabalho.

Portanto, o *caput* do art. 443 da Consolidação do Trabalho deve ser interpretado e aplicado conjuntamente com o disposto no art. 29 da mesma consolidação que estabelece a obrigação do empregador de assinar a carteira do trabalho do empregado num prazo máximo de 48 horas.

2.2. Contrato tácito

O contrato individual de trabalho tácito é aquele que ocorre somente pelo consentimento das partes, sem documento que o comprove e sem que as condições sejam discutidas entre as partes.

Os efeitos do contrato tácito são o de vincular o empregado ao empregador como se o contrato expresso fosse.

A legislação trabalhista resguarda os direitos do trabalhador independente do registro, uma vez comprovada a prestação de serviços nas condições estabelecidas no art. 3º da CLT.

Para combater este tipo de contratação, a Lei n. 9.983, de 14 de julho de 2000, alterou o art. 297 do Código Penal, especificando como criminosa a omissão de registro do empregado ou o falso registro.

> Código Penal
>
> Art. 297 – Falsificar, no todo ou em parte, documento público, ou alterar documento público verdadeiro:
>
> Pena – reclusão, de dois a seis anos, e multa.
>
> (...)

§ 3° Nas mesmas penas incorre quem insere ou faz inserir:

I – na folha de pagamento ou em documento de informações que seja destinado a fazer prova perante a previdência social, pessoa que não possua a qualidade de segurado obrigatório;

II – na Carteira de Trabalho e Previdência Social do empregado ou em documento que deva produzir efeito perante a previdência social, declaração falsa ou diversa da que deveria ter sido escrita;

III – em documento contábil ou em qualquer outro documento relacionado com as obrigações da empresa perante a previdência social, declaração falsa ou diversa da que deveria ter constado.

§ 4° Nas mesmas penas incorre quem omite, nos documentos mencionados no § 3°, nome do segurado e seus dados pessoais, a remuneração, a vigência do contrato de trabalho ou de prestação de serviços.

Ressalte-se ainda que não prescreve o direito do trabalhador ao registro de sua CTPS (§1° do art. 11 da CLT), podendo ele reclamar a assinatura a qualquer tempo.

Se tiverem decorridos mais de dois anos do término da relação, o registro na CTPS será feito, porém os demais direitos estarão prescritos.

2.3. Contrato por prazo determinado

Como vimos na citação do disposto no art. 443 da CLT, o contrato individual de trabalho pode ser por prazo determinado. Diz o § 1° do mencionado artigo que "Considera-se como de prazo determinado o contrato de trabalho cuja vigência dependa de termo prefixado ou da execução de serviços especificados ou ainda da realização de certo acontecimento suscetível de previsão aproximada".

Isso implica em que o contrato por prazo determinado deve sempre ter o fim predeterminado. As partes contratantes já sabem quando o mesmo vai findar.

Diz Valentin Carrion que este tipo de contrato "é aquele em que as partes preveem um limite à sua duração".

O contrato de trabalho por prazo determinado só pode ser firmado, ou seja, só terá validade legal se tratar de serviço, cuja natureza ou transitoriedade justifique a predeterminação do prazo; de atividades empresariais de caráter transitório; ou de contrato de experiência (§ 2° do art. 443 da CLT).

Dessa forma, é por prazo determinado o contrato de experiência. É também por prazo determinado o firmado com o jovem aprendiz, nos termos do art. 428 da CLT.

Estabelece o art. 451 da CLT que o contrato por prazo determinado que for prorrogado por mais de uma vez será considerado como contrato por prazo indeterminado. Daí se verifica que o contrato por prazo determinado só pode ser renovado uma vez.

O empregador ainda deve ter o cuidado de não recontratar o mesmo empregado através de contrato por prazo determinado no período de seis meses após o término de outro igual contrato, pois, se assim proceder, o novo contrato será considerado por tempo indeterminado, conforme dispõe o art. 452 da Consolidação das leis trabalhistas. Excetua-se dessa regra o contrato por tempo determinado que findou pelo término da execução de serviços especializados ou se dependeu da realização de certos acontecimentos.

O contrato por tempo determinado só pode ser firmado por um prazo máximo de dois anos, salvo o de experiência, que só poderá ser estabelecido pelo prazo máximo de 90 dias.

2.3.1. Contrato pela Lei n. 9.601/1998

A Lei n. 9.601/1998 ampliou as hipóteses de contratação por prazo determinado. Visando à abertura de vagas, a citada lei estabeleceu normas especiais reduzindo a incidência das contribuições sobre a folha na contratação para aumento do número de empregados.

A lei estabeleceu as normas básicas da contratação e vinculou sua validade à negociação coletiva.

Citamos essa possibilidade somente para registro, já que as vantagens de redução das alíquotas nesse tipo de contratação, inicialmente, só tinham validade até 22 de julho de 1999. Através de Medida Provisória, esse prazo foi dilatado para 22 de janeiro de 2003.

Portanto, a contratação ainda é permitida, mas sem qualquer vantagem para a empresa e, diga-se, também para o empregado, pois não há mais o direito a redução da carga fiscal que recaía sobre os pagamentos dos trabalhadores contratados sob o regime da mencionada Lei n. 9.601/1998.

2.3.2. Contrato de experiência

O contrato de experiência, também conhecido como contrato de prova, é uma espécie do contrato por prazo determinado. Tem como finalidade a averiguação da aptidão e da capacidade do empregado à funcionalidade da empresa empregadora.

Não pretendemos aqui analisar as críticas formuladas à denominação legal do contrato de experiência como contrato por prazo determinado, pois fugiríamos totalmente da finalidade do presente trabalho.

Desejamos abordar o instituto do contrato de experiência sem divagações sobre a opinião geral da doutrina, mas somente colocando de maneira prática o que determina o diploma legal. Para ele, o contrato de experiência é um contrato por prazo determinado. E é claro que o é.

Analisemos, pois, somente, a sua aplicação no dia a dia das relações trabalhistas.

Como todo contrato por prazo determinado, o de experiência prevê o seu termo final. Chegada a data prevista para o seu fim, este se extingue e nenhum direito indenizatório é devido mutuamente entre as partes contratantes. Porém, se o trabalho continua a ser prestado após o termo final, o contrato será tratado como por prazo indeterminado e o período de experiência é totalmente integrado, para todos os fins legais.

O contrato de experiência, como os demais contratos por prazo determinado, só pode ser renovado uma vez. Havia o entendimento de que a renovação só poderia ocorrer por período inferior ou igual ao primeiro período. Essa posição já está superada, exigindo-se somente o cumprimento do limite máximo. Assim, observado que no contrato de experiência não se pode ultrapassar 90 dias, um contrato firmado por 45 dias pode ser renovado por mais 45 dias; um firmado por 30 dias pode ser renovado por mais até 60 dias.

A rescisão do contrato por prazo determinado, assim como o de experiência, antes do seu termo final, sem justa causa, obriga aquele que rescindir a pagar à outra parte a metade das vantagens que teria o empregado até o fim do contrato (art. 479 da CLT).

Se houver cláusula resolutiva nos contratos por prazo determinado e se esta for utilizada antes do termo final do contrato, este será tratado como por prazo indeterminado, ou seja, a cláusula desvirtua o prazo determinado obrigando a parte que pretende rescindir dar à outra parte o devido aviso-prévio.

2.3.2.1. Contrato de experiência e estabilidade provisória da grávida

Já pontuamos pela incompatibilidade do instituto da estabilidade provisória com o contrato a prazo ou mesmo com o período de cumprimento do aviso-prévio.

Com a nova regulamentação do aviso, o contrato, para todos os efeitos, tem vigência até o fim da repercussão do aviso.

No contrato a prazo não há a figura do aviso-prévio, pois já há uma data prevista para seu fim.

O contrato de experiência tem esse mesmo sentido. Porém, o Judiciário trabalhista tem seguido o entendimento de que, mesmo no contrato de experiência, a empregada grávida tem direito à estabilidade provisória.

Diz o art. 10, II, *b*, do ADCT, da Constituição Federal de 1988, que "Até que seja promulgada a lei complementar a que se refere o art. 7º, I, da Constituição: (...) II – fica vedada a dispensa arbitrária ou sem justa causa: (...) b) da empregada gestante, desde a confirmação da gravidez até cinco meses após o parto".

Já o art. 7º da Carta Magna determina que "São direitos dos trabalhadores urbanos e rurais, além de outros que visem à melhoria de sua condição social: I – relação de emprego protegida contra despedida arbitrária ou sem justa causa, nos termos de lei complementar, que preverá indenização compensatória, dentre outros direitos;".

Não podemos entender que o término de um contrato, sem sua continuidade ou renovação, represente dispensa arbitrária ou sem justa causa.

Mas como a tendência predominante é o reconhecimento judicial do direito à estabilidade, orientamos nesse sentido.

A posição inicial para esse entendimento, veio do Supremo Tribunal Federal. Posteriormente, o Tribunal Superior do Trabalho seguiu a mesma linha, conforme podemos concluir da decisão abaixo da lavra do Ministro Walmir Oliveira da Costa.

ACÓRDÃO – (Ac. 1ª Turma)

RECURSO DE REVISTA. PROCEDIMENTO SUMARÍSSIMO. GESTANTE. CONTRATO DE EXPERIÊNCIA. RESCISÃO ANTECIPADA. ESTABILIDADE ASSEGURADA.

Estabelece o art. 10, II, "*b*", do ADCT/88 que é vedada a dispensa arbitrária ou sem justa causa da empregada gestante, desde a confirmação da gravidez até cinco meses após o parto, não impondo qualquer restrição quanto à modalidade de contrato de trabalho, mesmo porque a garantia visa à tutela do nascituro. O item III da Súmula n. 244 desta Corte Superior não constitui impedimento a que se reconheça a estabilidade provisória da gestante, na espécie, visto que a extinção da relação de emprego não se deu em face do término do prazo de experiência, mas sim pela rescisão antecipada do contrato, por ato da empresa, configurando, portanto, dispensa sem justa causa de empregada coberta por estabilidade provisória constitucional. Precedentes do STF. Ilesos o art. 10, II, "*b*", do ADCT/88 e Súmula n. 244, III, do TST.

HONORÁRIOS ADVOCATÍCIOS. AUSÊNCIA DE ASSISTÊNCIA SINDICAL. VERBA INDEVIDA. SÚMULA N. 219, I, DO TST.

A jurisprudência desta Corte Superior, consubstanciada nas Súmulas ns. 219, I, e 329, firmou-se no sentido de que, mesmo após a promulgação da Constituição Federal de 1988, na Justiça do Trabalho, a condenação ao pagamento de honorários advocatícios não decorre pura e simplesmente da sucumbência, mas condiciona-se ao preenchimento dos requisitos previstos no art. 14 da Lei n. 5.584/70, referentes à assistência sindical e à hipossuficiência econômica. Na hipótese, o Tribunal Regional deferiu à reclamante os honorários de assistência judiciária, amparado apenas no princípio da hipossuficiência econômica. Não tendo sido satisfeitos os requisitos previstos na Lei n. 5.584/70, impõe-se o provimento do apelo para adequar-se a decisão recorrida à jurisprudência desta Corte, afastando da condenação os honorários de assistência judiciária.

Recurso de revista parcialmente conhecido e provido.

Vistos, relatados e discutidos estes autos de Recurso de Revista n. **TST RR-129700-38.2007.5.09.0089**, em que é Recorrente **M. M. Q. MONTALVO F. CIA. LTDA.** e Recorrido **BEATRIZ RODRIGUES DOS SANTOS.**

O Tribunal Regional do Trabalho da 9ª Região, por meio do acórdão, às fls. 100-102, no que interessa, deu provimento ao recurso ordinário interposto pela reclamante, reformando a sentença para, reconhecendo a estabilidade provisória da gestante, mesmo no contrato de experiência, deferir-lhe a indenização relativa à referida estabilidade e os honorários advocatícios.

O reclamado interpõe recurso de revista, às fls. 112-118, postulando o indeferimento do direito à estabilidade provisória da gestante, por se tratar de contrato temporário. Pugna, ainda, pela exclusão da condenação dos honorários assistenciais, uma vez que a reclamante não se encontra assistida pelo sindicato da categoria.

Admitido o recurso de revista, às fls. 123-124, não foram apresentadas as contrarrazões, conforme certidão, à fl. 126.

Dispensada a remessa dos autos ao Ministério Público do Trabalho, nos termos do art. 83, § 2º, II, do Regimento Interno do Tribunal Superior do Trabalho.

É o relatório.

VOTO

1. CONHECIMENTO

O recurso é tempestivo (fls. 111 e 112), tem representação regular (fl. 30) e o preparo foi efetuado às fls. 120-121. Atendidos os requisitos extrínsecos de admissibilidade, passa-se ao exame dos intrínsecos do recurso de revista.

1.1. GESTANTE. CONTRATO DE EXPERIÊNCIA. RESCISÃO ANTECIPADA. ESTABILIDADE ASSEGURADA

O Tribunal Regional do Trabalho da 9ª Região deu provimento ao recurso ordinário interposto pela reclamante, modificando a sentença em que não se reconheceu a estabilidade provisória pretendida.

A decisão, quanto ao tópico, foi proferida, às fls. 100-101, nos seguintes termos, *verbis*:

ESTABILIDADE GESTANTE. Incontroverso que a autora, contratada em 12 de maio de 2008, foi despedida em 9 de agosto de 2008, quando encontrava-se grávida(*vide* cópia da CTPS e termo rescisório-fls. 12-13, além de exame laboratorial de fl. 15). O contrato a título de experiência encontra-se à fl. 51, com prazo de 90 (noventa) dias. Exatamente no 90º dia foi a autora despedida, constando no campo próprio do TRCT "contrato a prazo determinado-sem justa causa" (fl. 13). *Data venia* do entendimento constante da r. decisão primeira, perfilho o entendimento de que o contrato de experiência não constitui simples pactuação por tempo determinado, tratando-se, na realidade, de contrato sujeito ao implemento de uma condição resolutiva em que, durante período certo, são verificadas as condições de trabalho pelo empregador e pelo empregado, requerendo motivo plausível para sua extinção, sendo ônus do empregador tal prova, sob pena de ser considerado contrato por tempo indeterminado. Ademais, a disposição contida na alínea "*b*" inciso II do art. 10 do ADCT da Constituição Federal tem em mira a proteção da mulher grávida contra a dispensa arbitrária e imotivada, não fazendo qualquer exceção no tocante aos contratos firmados por prazo determinado. Aplica-se ao caso o vetusto brocardo latino *ubi lex non distinguit, nec nos distinguire debemus* ou, em vernáculo, "onde a lei não distingue, não deve o intérprete distinguir". Note-se que a Constituição Federal buscou proteger o trabalho da gestante que em tal fase necessita de segurança, encontrada, na hipótese, com a manutenção do emprego, concedendo-lhe tranquilidade a fim de levar a bom termo sua gravidez, garantindo o bem-estar do nascituro. Por tudo isso, concedeu o legislador garantias especialíssimas destinadas à empregada gestante, constantes na CLT em seção destinada à proteção da maternidade (arts. 391 a 400). Nesse passo, merece reforma a r. sentença, a fim de que se reconheça a existência de contrato de trabalho por prazo determinado entre as partes. Destarte, defiro à autora a indenização substitutiva da estabilidade gestante, em face da não conveniência da reintegração, no período compreendido entre a dispensa (9 de agosto de 2007) até 10 de agosto de 2008 (seis meses após o parto, conforme data estimada na petição inicial e não infirmada pela Ré-fl. 6 e previsão convencional) — acrescido do aviso-prévio indenizado (30 dias) — em valor equivalente a maior remuneração da autora (R$ 401,82) — 10-12 de férias acrescidas do terço legal, e mesma proporção a título de 13º salário, bem como retificação da CTPS, sob pena de multa diária, em valor de R$ 100,00 (cem reais).

Inconformada, a reclamada interpõe recurso de revista, postulando o indeferimento da estabilidade provisória de gestante, tendo em vista tratar-se de contrato de trabalho realizado por tempo determinado.

O recurso fundamenta-se em violação do art. 10, II, *b*, do ADCT e em contrariedade à Súmula n. 244, III, do TST (fls. 112-118).

À análise.

Estabelece o art. 10, II, *b*, do ADCT/88 que é vedada a dispensa arbitrária ou sem justa causa da empregada gestante, desde a confirmação da gravidez até cinco meses após o parto, não impondo qualquer restrição quanto à modalidade de contrato de trabalho, mesmo porque a garantia visa à tutela do nascituro.

O item III da Súmula n. 244 desta Corte Superior não constitui impedimento a que se reconheça a estabilidade provisória da gestante, na espécie, visto que a extinção da relação de emprego não se deu em face do término do prazo de experiência, mas sim pela rescisão antecipada do contrato, por ato da empresa, configurando, portanto, dispensa sem justa causa de empregada coberta por estabilidade provisória constitucional.

A matéria já se encontra pacificada pela jurisprudência do Supremo Tribunal Federal, consoante os julgados transcritos abaixo:

CONSTITUCIONAL. LICENÇA-MATERNIDADE. CONTRATO TEMPORÁRIO DE TRABALHO. SUCESSIVAS CONTRATAÇÕES. ESTABILIDADE PROVISÓRIA. ART. 7º, XVIII, DA CONSTITUIÇÃO. ART. 10, II, *b*, do ADCT. RECURSO DESPROVIDO. A empregada sob regime de contratação temporária tem direito à licença-maternidade, nos termos do art. 7º, XVIII, da Constituição e do art. 10, II, *b*, do ADCT, especialmente quando celebra sucessivos contratos temporários com o mesmo empregador. Recurso a que se nega provimento. RE 287905/SC – SANTA CATARINA Relator(a) p/ Acórdão: Min. Joaquim Barbosa. Órgão Julgador: Segunda Turma. Publicação DJ 30.6.2006 PP-00035). RE 435.759, rel. Min. Dias Toffoli, DJE 9.12.2009; RE-368.460, rel. Min. Dias Toffoli, Dje 16.12.2009; RE 597.807, Rel. Min. Celso de Mello, Dje 16.4.2009; RE 509775, relª. Min. Cármen Lúcia, Dje 10.02.10.

Consoante se observa das decisões acima transcritas, a Suprema Corte procedeu à interpretação do sentido e do alcance da garantia de emprego assegurada à empregada gestante pelo art. 10, II, *b*, do ADCT, sendo irrelevante o regime jurídico ou a espécie de contrato de trabalho, haja vista que a tutela final é do nascituro.

Dessa forma, restam ilesos o art. 10, II, *b*, do ADCT/88 e a Súmula n. 244, III, do TST, razão pela qual **NÃO CONHEÇO** do recurso de revista.

(...)

A reclamada, no recurso de revista, alega violação do art. 14, § 1º, da Lei n. 5.584/70, contrariedade às Súmulas 219 e 329 do TST e transcreve um aresto para o confronto de teses.

Com razão a recorrente. (...)

Consta da respeitável decisão acima transcrita que "O contrato a título de experiência encontra-se à fl. 51, com prazo de 90 (noventa) dias. Exatamente no 90º dia foi a autora despedida, constando no campo próprio do TRCT 'contrato a prazo determinado — sem justa causa' (...)".

Temos que o contrato de experiência foi totalmente cumprido e que ocorreu a sua extinção no termo final. Não houve a despedida. A motivação que deveria constar término do contrato a prazo ou do contrato de experiência.

De qualquer forma, não houve a rescisão antecipada como fixou a respeitável decisão em comento.

2.3.3. Do contrato do jovem aprendiz

Estabelece o art. 428 da CLT que o contrato de aprendizagem é o contrato de trabalho especial, ajustado por escrito e por prazo determinado, em que o empregador se compromete a assegurar ao maior de 14 e menor de 24 anos inscrito em programa de aprendizagem formação técnico-profissional metódica, compatível com o seu desenvolvimento físico, moral e psicológico, e o aprendiz, a executar com zelo e diligência as tarefas necessárias a essa formação.

Conforme orientação contida no site do MTE, a aprendizagem é estabelecida pela Lei n. 10.097/2000, regulamentada pelo Decreto n. 5.598/2005. Com isso, todas as empresas de médio e grande porte estão obrigadas a contratarem adolescentes e jovens entre 14 e 24 anos. Trata-se de um contrato especial de trabalho por tempo determinado, de no máximo dois anos. Os jovens beneficiários são contratados por empresas como aprendizes de ofício previsto na Classificação Brasileira de Ocupações — CBO do Ministério do Trabalho e Emprego, ao mesmo tempo em que são matriculados em cursos de aprendizagem, em instituições qualificadoras reconhecidas, responsáveis pela certificação. A carga horária estabelecida no contrato deverá somar o tempo necessário à vivência das práticas do trabalho na empresa e ao aprendizado de conteúdos teóricos ministrados na instituição de aprendizagem.

De acordo com a legislação vigente, a cota de aprendizes está fixada entre 5%, no mínimo, e 15%, no máximo, por estabelecimento, calculada sobre o total de empregados cujas funções demandem formação profissional, cabendo ao empregador, dentro dos limites fixados, contratar o número de aprendizes que melhor atender às suas necessidades. As frações de unidade darão lugar à admissão de um aprendiz (art. 429, *caput* e § 1º, da CLT). As funções gerenciais, as de nível superior e de nível técnico são retiradas da base de cálculo.

Ressalve-se as empresas de pequeno porte e as microempresas que são desobrigadas do cumprimento dessas normas.

Vemos na questão do estabelecimento das cotas as dificuldades por que passam algumas empresas. Muitas não dispõem de funções que permitam a utilização do trabalho do aprendiz, como empresa que tem um grande número de motoristas e pouco pessoal operacional.

Há ainda uma questão a ser levantada: a parte final do art. 429 da CLT determina a exclusão da base de cálculo da cota de aprendizes, as funções que não demandam formação profissional. Daí podemos ter que os carregadores, as funções de serviços gerais, entre outras, não devem ser computados para esse fim.

Portanto, é necessária uma melhor análise dessas situações pelo Ministério do Trabalho e Emprego para evitar as autuações.

2.4. Suspensão e interrupção do contrato de trabalho

Durante a vigência do contrato individual de trabalho poderão ocorrer circunstâncias que obriguem a sua interrupção ou a sua suspensão.

O que há de comum entre a interrupção e a suspensão é que em ambas as situações a relação de emprego permanece válida. Na interrupção, o vínculo continua válido, não há trabalho e há pagamento de salário ou de parte dele. O tempo é contado como de trabalho. Na suspensão, embora o contrato permaneça válido, as obrigações ficam suspensas. Não há trabalho nem salário. O tempo também não é contado.

Para o Professor Carlos Henrique da Silva Zangrando, "De um modo geral, todas as concepções teóricas e doutrinárias se dirigem no sentido de que a suspensão ocorre ou nas *obrigações*, ou nas *prestações*, de uma das partes no contrato de trabalho, ou de ambas, e não no contrato em si mesmo considerado, *pois se suspenso o contrato, este não poderia operar nenhum efeito jurídico.* Entretanto, afirmando mais uma vez a sua autonomia, o Direito do Trabalho tem postura diferenciada. Nele, *mesmo 'suspenso', o contrato de trabalho opera efeitos jurídicos parciais* (p. ex.: ainda que suspenso o contrato, o empregado adquire o direito aos benefícios e reajustes concedidos à categoria profissional durante o período da suspensão — CLT, art. 471). Dessa forma, para o Direito Laboral, *a suspensão do contrato de trabalho não opera o desaparecimento do vínculo jurídico em si mesmo, mas apenas a suspensão da obrigatoriedade do adimplemento de algumas das prestações devidas pelas partes*" (os destaques são do original).

2.4.1. Dos casos de interrupção do contrato

São exemplos de casos de interrupção do contrato de trabalho pelo Direito brasileiro:

- Afastamentos legais: casamento, luto, entre outros (arts. 131, 320, § 2º, e 473 da CLT);
- *Lock-out* — suspensão temporária dos trabalhos da empresa por iniciativa dos empregadores, sem autorização judicial — Lei n. 7.783/89, parágrafo único;
- Greve legal — dias paralisados em greve declarada legal pela Justiça do Trabalho (Lei n. 7.783/89);
- Férias (arts. 129 e segs. da CLT);
- Aviso-prévio — dias ou horas de redução da jornada (art. 488, *caput* e parágrafo único);
- Licenças para empregadas grávidas — para realização de exames médicos (art. 392, § 4º, II);

• Empregadas gestantes — aumento de repousos antes e depois do parto (art. 392, § 2º, CLT);

• Aborto não criminoso — repouso de duas semanas (art. 395, CLT);

• Intervalo para amamentação — dois períodos diários de meia hora cada para amamentar o próprio filho, até este completar seis meses (art. 396, CLT);

• Repousos remunerados — repousos semanais e em feriados (Lei n. 645/1949).

• Licença-paternidade — cinco dias corridos (art. 7º, XIX, e art. 10, § 1º, ADCT, Constituição Federal);

• Licenças remuneradas — contrato entre as partes;

• Faltas justificadas ou abonadas pelo empregador – dentre elas, os 15 primeiros dias nos casos de doença; e os primeiros 15 dias depois do acidente de trabalho (arts. 131, IV, e 473, CLT, Decreto n. 3.048/1999, arts. 71 e 104);

• Convocação militar, segurança nacional, força maior e *factum principis* (arts. 486 e 501, CLT);

• Cursos promovidos pelo empregador (MP n. 2.164-4/2001-EC n. 32) e cursos de treinamentos da CIPA (NR-5, item 5.32);

• Representação dos Trabalhadores no Conselho Curador do FGTS (Lei n. 8.036/90, art. 3º, § 7º); na Comissão de Conciliação Prévia empresarial (CLT, art. 625-B, § 2º); e no Conselho Nacional da Previdência Social (Lei n. 8.213/1991, art. 3º, § 6º);

• Interdição ou embargo de obra (art. 161, § 6º, CLT); comparecimento à Justiça como jurado, testemunha ou parte (art. 430, CPP; arts. 473, VIII, 822 e 843 da CLT); suspensão disciplinar revogada, inquérito judicial do estável julgado improcedente (art. 495, CLT, e Súmula n. 28, TST); inquérito administrativo ou prisão preventiva, quando impronunciado ou absolvido (art.131, V, CLT); e dias em que não houver serviço (art. 131,VI, CLT).

2.4.2. Dos casos de suspensão do contrato

São exemplos de casos de suspensão do contrato de trabalho previsto no Direito brasileiro:

• Posse em cargos públicos em virtude de eleição;

• Licença não remunerada e cláusula contratual (CLT, art. 444);

• Mandato sindical (CLT, art. 543, § 2º);

• Serviço militar (parágrafo único do art. 4º e art. 472, CLT);

• Acidente de trabalho (parágrafo único do art. 4º, CLT, e Decreto n. 3.048/1999, art. 104); doença (CLT, art. 476 e Lei n. 8.213/1991, art. 60); e aposentadoria por invalidez, esta sempre temporária (CLT, arts. 453 e 475, Lei n. 8.213/1991, art. 47) — todos a partir do 16º dia do afastamento;

• Eleição para diretoria da sociedade anônima,

• Inquérito judicial para apuração de falta grave do empregado estável e sua suspensão prévia, quando julgado procedente,

• Faltas em greve declarada abusiva ou não justificadas e não abonadas, inclusive do aprendiz;

• Suspensão disciplinar (CLT, art. 474);

• Participação do empregado em cursos ou qualificação profissional, prevista no art. 476-A, com a redação dada pela Medida Provisória n. 2.164-41, de 24 de agosto de 2001, *verbis*: "art. 476-A – O contrato de trabalho poderá ser suspenso, por um período de dois a cinco meses, para participação do empregado em curso ou programa de qualificação profissional oferecido pelo empregador, com duração equivalente à suspensão contratual, mediante previsão em convenção ou acordo coletivo de trabalho e aquiescência formal do empregado, observado o disposto no art. 471 desta Consolidação".

• Eleição para diretor (Súmula n. 269, TST);

• Prisão ou detenção por ordem judicial (CPP, arts. 282 e segs.);

• Licença-maternidade (Decreto n. 3.048/1999, art. 93);

• Segurança nacional (CLT, art. 472, § 5º);

• Intervalo intrajornada (CLT, art. 71, § 3º) e descanso intrajornada (CLT, art. 66).

Capítulo 3 – O Dia a Dia na Relação de Emprego e no Setor Pessoal

Nas rotinas do dia a dia, a empresa assume a responsabilidade por cumprimentos de diversas obrigações decorrentes da relação de emprego. São obrigações mensais, semestrais e anuais.

As relações entre os empregados e os empregadores devem se pautar pela harmonia e respeito, tendo como fundamento os princípios básicos que pontuam as relações humanas.

A empresa, empregadora ou não, tem a responsabilidade de reter impostos e contribuições, na forma da lei, recolhendo-os nos prazos estabelecidos em lei, sob pena de responder a processo por apropriação indébita, entre outros procedimentos.

3.1. Relações humanas no trabalho

A vida estressante que levamos faz com que, muitas vezes, saiamos de nosso normal e, sem qualquer razão, coloquemos a culpa de algo errado em nossos companheiros de trabalho.

Muitas vezes isso ocorre em relação a nosso chefe ou vice-versa.

Para meditarmos sobre essa relação, colocamos a seguir alguns pontos para reflexão, por nós copiados, porém desconhecemos o autor para registrarmos o crédito:

1. As seis palavras mais importantes: **admito que o erro foi meu**
2. As cinco palavras mais importantes: **você fez um bom trabalho**
3. As quatro palavras mais importantes: **qual a sua opinião?**
4. As três palavras mais importantes: **faça o favor**
5. As duas palavras mais importantes: **muito obrigado**
6. A palavra mais importante: **nós**
7. A palavra menos importante: **eu**

Fale com as pessoas; **sorria** para as pessoas; **chame** as pessoas pelo nome; **seja** amigo e prestativo; **seja** cordial e sincero; **interesse-se** pelos outros; **seja** generoso em elogiar, cauteloso em criticar; **saiba** considerar os sentimentos dos outros; **preocupe-se** com a opinião dos outros; e **procure** apresentar um excelente serviço.

3.2. Horário de trabalho e seu controle

A doutrina utiliza as terminologias "Duração do Trabalho", "Jornada de Trabalho" e "Horário de Trabalho" para definir o tempo disponibilizado pelo trabalhador perante seu empregador.

Pela regra sucinta que permeia este trabalho, seguindo a corrente preponderante, adotamos a terminologia "Horário de Trabalho".

Mauricio Godinho Delgado leciona que "Tem-se utilizado a expressão 'horário de trabalho' para abranger também o parâmetro semanal de trabalho (horário semanal). Em tal amplitude, o horário corresponderia à delimitação do início e fim da duração diária de trabalho, com respectivos dias semanais de labor e correspondentes intervalos intrajornadas".

Para o ilustre mestre, "O horário de trabalho suscita importante discussão acerca dos três tipos existentes de jornada laborativa: *jornadas controladas* (com horário de trabalho definido, sujeito a controle pelo empregador: art. 74, §§ 2º e 3º, CLT); *jornadas não controladas* (sem efetivo controle de horário de trabalho pelo empregador: art. 62, I e II, CLT); *jornadas não tipificadas* (caso específico do empregado doméstico, que não tem jornada padrão fixada por norma jurídica estatal: art. 7, *a*, CLT; Lei n. 5859/72; art. 7º, parágrafo único, CF/88)".

A jornada que representa a regra geral é a controlada, sendo as demais meras exceções.

Temos hoje em nosso ordenamento jurídico o limite de oito horas diárias como duração normal da jornada, com a possibilidade de esta ser acrescida de horas suplementares, em número não excedente a duas. (arts. 58 e 59, CLT).

A CLT determina que o horário de trabalho constará de um quadro e dos registros dos empregados.

O texto consolidado impõe que para os estabelecimentos com mais de dez, será obrigatória a anotação da hora de entrada e saída, em registro manual, mecânico ou eletrônico, conforme instruções a serem expedidas pelo Ministério do Trabalho, devendo haver pré-assinalação do período de descanso (art. 74, § 2º, CLT).

O Ministério do Trabalho e Emprego, regulamentando o registro eletrônico de ponto, baixou a Portaria n. 1.510, de 21.8.2009, que disciplina o registro eletrônico de ponto e a utilização do Sistema de Registro Eletrônico de Ponto — SREP.

Define ainda a mencionada Portaria que o Sistema de Registro Eletrônico de Ponto — SREP é o conjunto de equipamentos e programas informatizados destinado à anotação por meio eletrônico da entrada e saída dos trabalhadores das empresas, previsto no art. 74 da Consolidação das Leis do Trabalho, aprovada pelo Decreto-lei n. 5.452, de 1º de maio de 1943.

Os principais gargalos para a implantação do SREP foram a ausência, no mercado brasileiro, do equipamento exigido e a obrigação da emissão de documento impresso para o empregado acompanhar, a cada marcação, o controle de sua jornada de trabalho.

Inicialmente, a exigência do uso de equipamento, para os optantes, era agosto de 2010. Pela Portaria n. 1.987/2010, o MTE alterou essa data para 1º de março de 2011. Em 28 de fevereiro de 2011, o MTE publicou a Portaria n. 373, alterando a data para

1º de setembro de 2011 e abriu novas possibilidades de implantação de novos meios de controle. Sobre o tema, divulgamos, na época, a seguinte mensagem:

> Atendendo a proposições das entidades representantes das empresas e das centrais sindicais, o Ministério do Trabalho e Emprego prorrogou para o dia 1º de setembro a exigência da utilização do ponto eletrônico no controle da jornada de trabalho. Além de prorrogar o prazo, o Ministério abriu também a possibilidade de as Empresas poderem celebrar Acordos Coletivos de Trabalho para utilização de ponto eletrônico. Com isso, por meio dos acordos, empresas poderão utilizar sistemas alternativos para controle de jornada. Embora haja posição pela possibilidade da dispensa da emissão do comprovante a cada marcação, nota divulgada pelo Ministério do Trabalho ainda prevê tal obrigatoriedade. A mencionada nota é de fácil entendimento e segue transcrita a seguir:
>
> "Brasília, 28.2.2011 — O Diário Oficial da União (DOU) desta segunda-feira (28) traz a publicação da Portaria n. 373, que explica sobre a possibilidade de adoção de sistemas alternativos de controle de jornada de trabalho pelos empregadores. Em seu art. 1º, a Portaria explica que deve haver autorização por convenção ou acordo coletivo de trabalho para a utilização destes sistemas. O prazo para as empresas se adaptarem a nova regulamentação (previsto na Portaria n. 1.510) passou de 1º de março para 1º de setembro deste ano. Nenhuma empresa é obrigada a utilizar o ponto eletrônico, podendo optar também pelo registro manual ou mecânico.
>
> Segundo a Portaria n. 373, os sistemas alternativos não devem admitir restrições à marcação do ponto, marcação automática, exigência de autorização prévia para marcação de sobrejornada e a alteração ou eliminação dos dados registrados pelo empregado. Para fins de fiscalização, os sistemas alternativos eletrônicos deverão estar disponíveis no local de trabalho, permitir a identificação de empregador e empregado e possibilitar, através da central de dados, a extração eletrônica e impressa do registro fiel das marcações realizadas pelo empregado.
>
> Conforme o Ministro do Trabalho e Emprego na época, Carlos Lupi, a nova portaria atendia pedidos feitos pelas centrais sindicais, trabalhadores e empresas. 'Não queremos radicalizar com a Portaria n. 1.510. Por isso, atendemos ao pedido das centrais e das empresas possibilitando que fossem adotados os acordos ou convenções coletivas, que só são feitos com o consentimento de ambas as partes', explicou.
>
> De acordo com a Relação Anual de Informações Sociais (RAIS), cerca de 700 mil empresas em todo Brasil utilizam sistema de ponto eletrônico. 'Fizemos uma medição e vimos que menos da metade das empresas que utilizam o ponto eletrônico compraram o novo equipamento. A nova portaria não irá prejudicar essas empresas, só ampliar as possibilidades de negociação', ressalta o ministro.
>
> Portaria n. 1.510 – A Portaria n. 1.510, que disciplina o uso do Ponto Eletrônico e a utilização do Sistema de Registro Eletrônico de Ponto (SREP), continua em vigor. Composto por 31 artigos, o documento enumera itens importantes que trazem eficiência, confiança e segurança ao empregador e ao trabalhador.
>
> Com o novo equipamento de ponto eletrônico, previsto na Portaria n. 1.510, os trabalhadores terão um comprovante impresso toda vez que houver registro de entrada e saída, possibilitando, desta forma, maior controle do trabalhador no final do mês sobre suas horas trabalhadas. O sistema também garante mais segurança no registro das informações, com sua inviolabilidade baseada em múltiplas garantias, como cadastro e certificação. Assessoria de Imprensa do MTE (61) 3317-6537 – <acs@mte.gov.br>."

Posteriormente, a mencionada Portaria n. 1.510/2009 foi alterada pela Portaria n. 2.686, de 27 de dezembro de 2011, que escalonou o prazo para o início da utilização obrigatória do Registrador Eletrônico de Ponto — REP da seguinte forma: a) 2.4.2012 para as empresas que exploram atividades na indústria, no comércio em geral, no setor de serviços, incluindo, entre outros, os setores financeiro, de transportes, de construção, de comunicações, de energia, de saúde e de educação; b) 1º.6.2012 para as empresas que exploram atividade agroeconômica nos termos da Lei n. 5.889, de 8 de julho de 1973, e c) 3.9.2012 para as microempresas e empresas de pequeno porte, definidas na forma da Lei Complementar n. 126/2006.

Já no final de 2011, foi publicada a Lei n. 12.551/2011 que vem provocando grandes discussões sobre o controle da jornada de trabalho. Temos que a elaboração das leis no Brasil não tem seguido o cuidado necessário para deixar clara a sua destinação. A recente lei que trata do aviso-prévio já implantou uma gama de questionamentos judiciais, na sua maioria buscando valores ínfimos que não justificam a ação do Judiciário trabalhista, aumentando o famoso "Custo Brasil" e as despesas das empresas.

A nova lei em questão traz somente dois dispositivos, mas com um poder de fogo muito grande, haja vista a brecha interpretativa que abre. Dispõe a questionada Lei n. 12.551/2011, *verbis*: "Art. 1º. O art. 6º da Consolidação das Leis do Trabalho (CLT), aprovada pelo Decreto-lei no 5.452, de 1º de maio de 1943, passa a vigorar com a seguinte redação: 'Art. 6º. Não se distingue entre o trabalho realizado no estabelecimento do empregador, o executado no domicílio do empregado e o realizado a distância, desde que estejam caracterizados os pressupostos da relação de emprego. Parágrafo único. Os meios telemáticos e informatizados de comando, controle e supervisão se equiparam, para fins de subordinação jurídica, aos meios pessoais e diretos de comando, controle e supervisão do trabalho alheio'. (NR) Art. 2º. Esta Lei entra em vigor na data de sua publicação".

Diretamente, o que nos interessa é a norma prescrita no parágrafo único acima, pois emana comando que altera o entendimento pacificado — e sumulado — de que os instrumentos de comunicação não são meios de controle de jornada. Tanto isso é verdade que o TST aprovou, em 24 de maio de 2011, a Súmula n. 428, afirmando que "o uso de aparelho de intercomunicação, a exemplo de BIP, *pager* ou aparelho celular, pelo empregado, por si só, não caracteriza o regime de sobreaviso".

Com a nova lei, o Ministro João Oreste Dalazen, Presidente do TST, já afirmou existir a possibilidade de revisão da mencionada Súmula. Em entrevista concedida ao jornal *Valor Econômico*, o Ministro afirma que "A meu juízo, é inafastável a revisão da súmula em face da superveniência da lei."

Entendemos que não há necessidade de precipitação na interpretação da nova norma. É sabido que nas relações trabalhistas prevalece o contrato realidade. Não é somente pelo fato de um *e-mail*, um torpedo ou qualquer outra mensagem trocada entre empregador e empregado que vai se configurar o sobreaviso ou o trabalho real.

A intenção do legislador foi somente inserir no rol das relações de emprego o trabalho prestado a distância com a utilização dos novos meios de comunicação.

Porém, as opiniões divergem. Na mesma entrevista ao noticioso, o Ministro Dalazen afirma que a nova lei "traz um impacto profundo na ordem jurídica decorrente de avanços tecnológicos". Entendemos que a lei não trata do sobreaviso, mas pontuou que o serviço prestado a distância, com a utilização dos modernos meios de comunicação, poderá configurar a relação de emprego, óbvio, desde que atendidas as condições prescritas na Consolidação das Leis do Trabalho.

3.3. Banco de horas

A legislação trabalhista autoriza a criação de um banco de horas, meio pelo qual poderá haver a compensação das horas extras trabalhadas em um mês no período de até um ano.

Para a validade do banco de horas, exige a legislação que haja acordo ou convenção coletiva autorizando a sua instituição.

O acordo coletivo ou a convenção coletiva poderá limitar o prazo para período inferior a um ano e estabelecer novas condições.

Instituído o banco de horas, a empresa emite o controle de jornada, lançando os créditos e os débitos, em forma de conta-corrente, entregando cópia ao empregado, para seu acompanhamento. Tal controle poderá ser o mesmo da jornada, desde que mantenha claro o lançamento das horas a crédito e das horas a débito do trabalhador e a apuração do saldo mensal.

Findo o prazo estabelecido no banco de horas ou rescindido o contrato de trabalho, o saldo de horas remanescente deverá ser pago ao empregado, como hora extra, com os devidos acréscimos.

3.4. Alguns hábitos que se deve evitar

I – **Veículos.** A utilização pelo empregado de veículo da empresa fora do trabalho constitui salário indireto (pelo trabalho). Já a utilização para a execução do serviço não se configura remuneração (para o trabalho).

II – **Utilidades.** As utilidades fornecidas com habitualidade compõem a remuneração do empregado, trazendo reflexos. A habitualidade se configura pela certeza da concessão da vantagem em data certa. Pode, inclusive, ser somente uma vez por ano.

III – **Falsa demissão.** Evitar a falsa demissão para "ajudar" o empregado no levantamento do FGTS ou mesmo para "melhorar" o seu orçamento com a parcela do seguro-desemprego. Além de o ato ser contrário à lei, a empresa fica correndo o risco do reconhecimento do trabalho ininterrupto quando da rescisão contratual, com consequências financeiras desastrosas.

IV – **Seguro-desemprego.** Não manter empregado em gozo de seguro-desemprego deixando para assinar a CTPS somente após. Os riscos são os mesmos do item III, além de se estar cometendo crime capitulado na lei penal.

V – **Salário "por fora".** Por mais que o empregado se beneficie por não se sujeitar a desconto, desaconselha-se o salário "por fora", pois é ilegal o regime de caixa 2, além de deixar a empresa com um passivo trabalhista imprevisto.

VI – **Descontos de tributos.** Os tributos — impostos e contribuições — a que o empregado está sujeito na fonte, uma vez não descontados no tempo devido, obrigam a empresa ao pagamento por conta própria. É esta a posição adotada pela Justiça do Trabalho, em caso de litígio. Ressaltamos que a retenção é sempre presumida.

VII – **Trabalho do estagiário.** Deve se ater somente a tarefas compatíveis com o estágio. Fugir disso constitui o vínculo empregatício.

VIII – **Declarações.** É hábito fornecer ao trabalhador declarações de emprego e de salário para aumento ou concessão de crédito. A declaração, mesmo falsa, constitui-se em prova contra a empresa em litígio trabalhista e na área criminal é considerada falsidade ideológica.

IX – **Terceirização.** Só contratar após análise da empresa fornecedora da mão de obra. Cuidado com a responsabilidade subsidiária neste tipo de contratação. Se for cooperativa de trabalho, exigir a comprovação de sua regularidade. Não terceirizar atividade-fim.

X – **Na rescisão contratual.** Evitar discussão com o empregado e, principalmente, evitar mandá-lo "procurar seus direitos". Isso incentiva à reclamação trabalhista.

XI – **Prorrogação de jornada.** A Justiça do Trabalho tem reconhecido como válida a prorrogação da jornada de trabalho através de contrato escrito firmado entre o empregador e o empregado, mesmo sem a participação do sindicato obreiro. Portanto, deve evitar a pactuação sem contrato escrito.

XII – **Ajuda de custo e diárias para viagem.** A ajuda de custo não integra o salário. É aquela que paga, sem habitualidade, para cobrir despesas em virtude da mudança de domicílio do empregado (art. 470 da CLT) ou em virtude de deslocamento esporádico.

Já a diária de viagem tem um tratamento mais rigoroso por parte do Judiciário e da doutrina.

Conforme o jurista Arnaldo Süssekind, as diárias têm por fim indenizar despesas de viagem e manutenção do empregado quando forçado a realizá-las para a execução do contrato de trabalho. Para ele, fazem jus às diárias os empregados que têm de viajar, continuamente, a fim de realizar os serviços contratados.

O legislador, para evitar que o empregador rotule de diárias para viagem parcela do salário, estabeleceu o valor máximo para a diária não ser computada como salário em limite de 50% deste.

As diárias pagas como ressarcimento ou reembolso de despesas, ou seja, mediante comprovação pelo empregado das despesas efetuadas, não se submetem a esse limite.

Capítulo 4 – Da Extinção do Contrato Individual de Trabalho

A extinção do contrato individual de trabalho pode ocorrer pelo seu termo, nos contratos a prazo; ou pela rescisão.

Entendemos ser incorreta a denominação do Termo de Rescisão do Contrato Individual do Trabalho o emitido para quitação das verbas, quando isso ocorre em virtude do termo final do contrato firmado na condição de contrato a prazo.

Neste caso, não há rescisão, já que não se pode matar o que já morreu.

4.1. Extinção do contrato individual do trabalho a prazo

Findo o lapso temporal previsto para a vigência do contrato de trabalho a prazo (determinado), resta somente calcular os direitos trabalhistas — não se pode denominar de verbas rescisórias, pois não existem nessa situação —, tais como 13º salário proporcional, férias vencidas e/ou proporcionais com o 1/3 legal, saldo de salário etc.

Não há a multa do FGTS nem aviso-prévio, pois nenhuma parte deu motivo à extinção. O ato formal simplesmente cumpriu o seu desiderato.

4.2. Rescisão do contrato individual de trabalho

Entendemos que a rescisão do contrato de trabalho é o ponto mais sensível da relação de emprego. As demissões quase sempre têm um motivo desgastante e evitável.

É preciso que as partes mantenham respeito entre si, pois as discussões provocam querelas com consequências financeiras desagradáveis, inclusive com perdas de vida, como já se registrou.

Em grande parte, as reclamações trabalhistas são motivadas por falta de controle no ato rescisório.

Relembramos que as repercussões da relação contratual perpassam os limites da rescisão. Os atos e palavras praticados mesmo depois da rescisão do contrato, em virtude deste, podem provocar indenizações para dano moral.

Portanto, remetemos o leitor para a alínea X do item 3.4, *supra*.

4.2.1. Da homologação e da assistência

Com acuidade, o Ministério do Trabalho e Emprego publicou o Manual da Assistência e Homologação de Rescisão de Contrato Individual do Trabalho, ainda no ano de 2002. A versão atual data de 2007 e é acessível pelo site <www.mte.gov.br>.

Dele transcrevemos o seguinte texto, que é bem claro e de fácil entendimento.

1. Evolução Legislativa

De um modo geral, a extinção ou rescisão do contrato de trabalho produz determinados efeitos financeiros, em decorrência dos direitos que a legislação do trabalho garante ao trabalhador e aos seus dependentes. Em se tratando de extinção de contrato firmado há mais de um ano, o ato de pagamento e recebimento das chamadas parcelas ou verbas rescisórias exige uma formalidade especial denominada assistência, para que se confira validade jurídica aos pagamentos efetuados pelo empregador.

Historicamente, de acordo com o art. 500 da Consolidação das Leis do Trabalho (CLT), o pedido de demissão do empregado estável só era válido quando feito com a assistência do respectivo sindicato e, não havendo este, perante a autoridade local do Ministério do Trabalho e Emprego ou da Justiça do Trabalho. A assistência, assim, só era devida para o trabalhador que contasse, no mínimo, com 10 anos de prestação de serviços para o mesmo empregador, que era o requisito para se alcançar a estabilidade decenal, hoje admitida apenas em casos remanescentes do período, por força da implantação do sistema unitário do FGTS pela Constituição da República de 1988.

O legislador procurou garantir a autenticidade do pedido de demissão do trabalhador que gozava de estabilidade. O sistema jurídico trazia uma presunção relativa de que o empregado, ao renunciar ao direito de se manter no emprego, fora coagido ou obrigado pelas circunstâncias a manifestar uma vontade não verdadeira. Assim, condicionava a validade do ato de demissão à assistência pelas entidades ou órgãos mencionados.

É de se notar que o art. 500 obrigava a assistência somente para os casos de pedido de demissão, sem se referir ao recibo de quitação e ao pagamento assistido. E definia a exclusividade do órgão sindical para a assistência, cabendo ao Ministério do Trabalho e Emprego e à Justiça do Trabalho a assistência apenas diante da falta de representação sindical na localidade.

Ao garantir a assistência apenas ao empregado estável que pedia demissão, o art. 500 da CLT deixava à margem da proteção assistencial todos os trabalhadores com menos de 10 anos de serviços prestados à mesma empresa. Para estes, a extinção do contrato de trabalho se fazia sem qualquer formalidade, aplicando-se a regra do Código Civil, pela qual o distrato faz-se da mesma forma que o contrato, mas a quitação vale qualquer que seja a sua forma.

A partir de 1962, iniciou-se um ciclo de produção legislativa, com o objetivo mediato de desafogar a Justiça do Trabalho, que estava sobrecarregada pelo número excessivo de reclamações judiciais.

Em maio de 1962, a Lei n. 4.066 condicionou a validade do pedido de demissão e a quitação da rescisão do contrato de trabalho firmado por empregado com mais de um ano de serviço à prévia assistência do sindicato, da autoridade do Ministério do Trabalho ou da Justiça do Trabalho. Na falta desses três órgãos, seria competente o Juiz de Paz e, no seu impedimento ou inexistência, a autoridade policial. A grande novidade foi prever a assistência não só ao pedido de demissão, mas também ao recibo de quitação, independentemente dos motivos que levaram à extinção do contrato.

Passou-se, portanto, à dupla incidência da garantia legal: na explicitação de vontade do empregado que se demite, com o objetivo de aferir a espontaneidade da sua renúncia à estabilidade, e na segurança e regularidade dos pagamentos rescisórios. A citada lei também diminuiu o tempo de vigência do contrato suscetível de receber a assistência de dez para um ano.

A Lei n. 5.562, de 12 de dezembro de 1968, por sua vez, além de revogar o art. 500 da CLT, estendeu a assistência a todos os contratos com vigência superior a noventa dias. Pretendeu-se, com isso, uma tutela quase absoluta na extinção dos contratos de trabalho. O efeito indesejável, todavia previsível, foi a crescente burocratização dos atos extintivos, o que levou o Decreto-lei n. 766, de 15 de agosto de 1969, a restabelecer o tempo original de um ano.

O referido Decreto-lei também acrescentou parágrafos ao art. 477 da CLT e determinou que o pagamento a que fizesse jus o empregado fosse efetuado no ato da homologação da rescisão do contrato de trabalho, em dinheiro ou em cheque visado, conforme acordassem as partes, salvo se o empregado não fosse alfabetizado, quando o pagamento somente poderia ser feito em dinheiro; e que qualquer compensação naqueles pagamentos não poderia exceder o equivalente a um mês de remuneração do trabalhador.

Posteriormente, a Lei n. 5.584, de 26 de junho de 1970, retirou a Justiça do Trabalho dentre os órgãos previstos no art. 477 para a prestação da assistência, mas restabeleceu a vigência do art. 500 da CLT, preservando, assim, a competência da autoridade judiciária, em caráter residual, para assistir o pedido de demissão do empregado estável.

Todas essas modificações e acréscimos legais, entretanto, não conduziram ao equilíbrio nas relações individuais de trabalho. Dessa realidade, resultou a Lei n. 7.885, de 1989, que acrescentou três parágrafos ao art. 477 da CLT, para introduzir os prazos para pagamento das verbas rescisórias, as penalidades pelo seu descumprimento e a expressa proibição de cobrança para a prestação da assistência.

A evolução legislativa da matéria demonstra, portanto, a natureza do instituto da assistência destinada ao empregado com contrato de trabalho extinto ou em vias de extinção. É, inconfundivelmente, instituto de ordem pública, que não pode ser afastado pela vontade dos particulares, quer sejam trabalhadores, quer sejam empregadores. O interesse social, nesse instituto, está presente não apenas para efetivar a tutela do mais fraco na relação de emprego, mas, sobretudo, para garantir a normalidade dos pagamentos e o cumprimento das obrigações advindas do contrato.

2. Assistência e Homologação

A CLT refere-se aos termos assistência e homologação. Uma rápida interpretação pode levar ao falso entendimento de que representam a mesma coisa, quando, na realidade, são termos distintos que possuem vocações jurídicas diferentes.

No texto consolidado, a figura jurídica da assistência surgiu anteriormente à da homologação, pois o art. 500 previa, como ainda prevê, a assistência somente ao empregado estável que se demite. Pelas alterações legislativas posteriores, surgiu, no contexto do art. 477, a homologação do pagamento rescisório por ocasião da assistência devida ao trabalhador.

Portanto, a assistência contém abrangência maior do que a mera homologação. Ser assistido é ser assessorado, aconselhado, orientado, advertido sobre as consequências do ato e a correção ou incorreção dos pagamentos patronais à luz da legislação em vigor. A assistência traz a ideia de procedimento, de intervenção de um terceiro capaz de tornar mais clara a situação enfrentada pela pessoa assistida. Esse é o sentido da assistência trabalhista prevista na CLT. O empregado maior tem capacidade plena para praticar todos os atos regidos pelo Código Civil, mas sua capacidade é relativa, por força de lei, no âmbito da rescisão do contrato de trabalho com mais de um ano, posto que, obrigatoriamente, deve se submeter à assistência, que constitui condição de validade para a rescisão desses contratos e para a quitação das verbas rescisórias.

> Quando a lei trabalhista se refere à assistência, e não a visto ou *referendum*, é porque considera indispensáveis a presença das partes e a orientação do sindicato ou das autoridades nela enumeradas. O assistente deve estar presente ao ato, cumprindo-lhe orientar o assistido e, com este, assinar o documento. A assinatura da autoridade representa a homologação formalizada, último de todos os atos pertencentes à assistência.
>
> O certo, contudo, é que as referidas figuras jurídicas em nada se equivalem. Enquanto assistência é a intervenção ativa do terceiro, com o propósito de orientar, de aconselhar, de conferir verbas devidas e de zelar pela manifestação sem vícios da vontade do trabalhador que rompe o contrato, a homologação é o ato confirmatório, reduzido a termo pelo assistente, do pagamento e recebimento dos créditos rescisórios.

Vimos no texto oficial a busca constante de proteção ao trabalhador no momento da rescisão contratual.

Ressalte-se que ainda tramita no Congresso Nacional a tentativa de se incorporar à legislação trabalhista brasileira as normas da Convenção n. 158 da OIT, que institui vedações à dispensa imotivada.

Tal convenção já fez parte de nossa legislação, mas foi denunciada pelo então Presidente Fernando Henrique Cardoso, através do Decreto n. 2.100, de 20 de dezembro de 1996.

No ano de 2010, através da Portaria n. 1.620, o Ministério do Trabalho e Emprego — MTE instituiu o sistema HomologNet, com o fim de conferência prévia das verbas, conforme resposta que consta de seu *site* nos seguinte termos:

> Permite ao Empregador o cadastro (inclusão, alteração e exclusão) das informações referentes à rescisão de contrato de trabalho. Recebidas as informações, o HomologNet realiza crítica, faz cálculos e gera o TRCT. Possibilita ao Trabalhador consultar informações sobre sua rescisão de contrato de trabalho. Dá suporte ao MTE nos procedimentos de assistência à rescisão de contrato de trabalho.

Complementando a norma, instituiu novos modelos para o Termo de Rescisão do Contrato Individual de Trabalho, estabelecendo distinções entre a existência ou não de ressalvas no Termo de Rescisão do Contrato de Trabalho. (Portaria MTE n. 1.621/2010)

Baixou ainda a Instrução Normativa SRT n. 15, em 14 de julho de 2010, estabelecendo procedimentos para assistência e homologação na rescisão de contrato de trabalho (*vide* o texto integral no apêndice deste trabalho).

4.2.2. Aviso-prévio proporcional

A função essencial do aviso é de cunho social: não pegar o empregado de surpresa, tampouco a empresa. Com o aviso, ambos terão tempo para a tomada das providências cabíveis: a empresa para selecionar e treinar novo empregado; o trabalhador para buscar nova colocação.

O aviso-prévio estabelece o termo final do contrato por prazo indeterminado.

O aviso-prévio é devido pela parte (empregado ou empregador) que deseja romper, sem justo motivo, o contrato de trabalho. O aviso deve ser dado com antecedência mínima de 30 dias, conforme preceitua a Constituição Federal, em seu art. 7º, inciso XXI. O aviso também é devido na despedida indireta, obedecido o disposto no art. 483 da CLT.

A Consolidação das Leis do Trabalho já albergava a obrigação recíproca da concessão de aviso-prévio na rescisão, sem justa causa, do contrato individual do trabalho. A norma está expressa no art. 487 da CLT, que assim determina: "Não havendo prazo estipulado, a parte que, sem justo motivo, quiser rescindir o contrato deverá avisar a outra da sua resolução com a antecedência mínima de: I – oito dias, se o pagamento for efetuado por semana ou tempo inferior; II – trinta dias aos que perceberem por quinzena ou mês, ou que tenham mais de 12 (doze) meses de serviço na empresa. A redação não deixa dúvida quanto a reciprocidade do aviso".

Com a promulgação da Constituição Federal de 1988, o aviso-prévio mínimo ficou em 30 dias, conforme o art. 7º, inciso XXI, da Carta Magna, que têm a seguinte redação: "art. 7º. São direitos dos trabalhadores urbanos e rurais, além de outros que visem à melhoria de sua condição social: (...) XXI – aviso-prévio proporcional ao tempo de serviço, sendo no mínimo de trinta dias, nos termos da lei;".

Porém, desde a promulgação da Constituição que se aguardava a lei que regulamentaria o dispositivo. Vinte e três anos depois, temos uma lei bastante lacunosa e nascida às pressas para evitar a "atuação legislativa" do Supremo Tribunal Federal que já se pronunciava sobre a matéria, ante a letargia do Congresso Nacional.

No último dia 11 de outubro de 2011, a Presidente Dilma Roussef sancionou a Lei n. 12.506, publicada no Diário Oficial da União no dia 13.10.2011. Diante do pequeno texto da lei (somente um artigo, o segundo é sobre a vigência), a opinião geral era a de que ocorreria uma enxurrada de ações judiciais. O que de fato aconteceu, obrigando o Ministério do Trabalho, através de sua Secretaria de Relações do Trabalho, a publicar normas internas orientando sobre a aplicação da norma nas homologações e fiscalizações.

Pelo disposto na nova lei, é aumentado o prazo do aviso-prévio proporcionalmente ao tempo de serviço prestado na mesma empresa. Vejamos o que contém o novo preceptivo legal: "art. 1º. O aviso-prévio, de que trata o Capítulo VI da Consolidação das Leis do Trabalho — CLT, aprovada pelo Decreto-lei n. 5.452, de 1º de maio de 1943, será concedido na proporção de 30 (trinta) dias aos empregados que contem até 1 (um) ano de serviço na mesma empresa". "Parágrafo único. Ao aviso-prévio previsto neste artigo serão acrescidos 3 (três) dias por ano de serviço prestado na mesma empresa, até o máximo de 60 (sessenta) dias, perfazendo um total de até 90 (noventa) dias."

A insegurança maior reside na determinação de quem tem direito ao acréscimo: se somente os empregados demitidos a partir do dia 13 de outubro de 2011 ou também os que já preenchiam o requisito "tempo" e já haviam sido demitidos antes da vigência da nova lei.

Em artigo publicado logo após a edição da lei, afirmamos que

"É induvidoso que os efeitos da lei não retroagem. O certo é que somente os demitidos nos últimos dois anos podem ainda questionar na Justiça o pagamento de possível diferença, pois se aplica a prescrição na decorrência de dois anos da rescisão, conforme a lei trabalhista. Urge ainda uma regulamentação que estabeleça as normas quanto à redução da carga horária durante o aviso (duas horas diárias ou sete dias corridos, até então vigentes); se os noventa dias serão todos trabalhados ou parte será indenizada; e se a reciprocidade permanece em relação a todo o período ou somente nos primeiros trinta dias. Outro questionamento que circula é sobre o início da contagem dos três dias por ano trabalhado: incluiria o primeiro ano ou somente a partir do segundo ano? Entendo que, se o empregado tem um ano e dias trabalhados na mesma empresa, o aviso é de trinta dias. Se o trabalhador está há dois anos na mesma empresa, tem direito a 33 (trinta e três) dias de aviso, assim sucessivamente até o limite de 90 (noventa) dias. As frações não serão computadas. Exemplo: se o empregado tem 2 (dois) anos e 11 (onze) meses, considerando-se que a proporcionalidade é contada ano a ano, ele só teria direito a 33 (trinta e três) dias de aviso-prévio".

Tendo como finalidade proporcionar a segurança na aplicação da lei no dia a dia da empresa, orientamos que se siga o que determina a Secretaria de Relações do Trabalho do Ministério do Trabalho e Emprego, que estabeleceu, em um segundo momento, entendimento um pouco divergente do nosso, quanto à contagem do aviso.

Inicialmente, foi editado internamente pela Secretaria de Relações do Trabalho do Ministério do Trabalho e Emprego o Memorando Circular n. 010/2011, que tem entendimento coeso com o nosso.

Fundada no princípio *tempus regit actum*, a mencionada Secretaria entende que é a lei do tempo do ato jurídico que deve reger a relação estabelecida.

Com isso, temos que somente terá direito ao aviso-prévio proporcional o empregado que receber aviso-prévio a partir do dia 13 de outubro de 2011.

Daí a Secretaria de Relações do Trabalho ter orientado no sentido de que os empregados já demitidos ou mesmo com o aviso-prévio em andamento no dia 13 de outubro de 2011 não teriam direito ao aviso-prévio proporcional, permanecendo com direito somente aos 30 dias.

Quanto às dúvidas levantadas no artigo acima mencionado, a mencionada norma traz uma certa segurança sobre o entendimento, restando saber se o Poder Judiciário trabalhista vai seguir a mesma linha de interpretação.

Quanto à questão sobre se o aviso proporcional de até 90 dias beneficia também o empregador quando o empregado pede demissão, temos que não. O legislador procurou regular direito dos trabalhadores urbanos, rurais, avulsos e domésticos, nos termos do art. 7º, XXI, da Constituição Federal.

Portanto, o aviso-prévio proporcional só é aplicável na demissão sem justa causa, por iniciativa do empregador.

4.2.2.1. Da apuração dos dias de aviso-prévio

Estabelece o parágrafo único do art. 1º da Lei n. 12.506/2011 que ao aviso-prévio de 30 dias previsto no mencionado artigo serão acrescidos 3 dias por ano de serviço prestado na mesma empresa, até o máximo de 60 dias, perfazendo um total de até 90 dias.

Portanto, é correto entendermos que os meses incompletos não se computam na contagem para efeito de apuração dos dias de aviso proporcional.

Diante dessa assertiva, como já afirmado, entendemos que os três dias só seriam contados a partir do segundo ano completo.

Também foi esse o entendimento inicial do Ministério do Trabalho e Emprego.

Porém, no dia 7 de maio de 2012, o Ministério em tela, através de sua Secretaria de Relações do Trabalho, baixou a Norma Técnica n. 184/2012, modificando a posição anterior e estabelecendo que os três dias adicionais são contados a partir do primeiro ano completo.

Vejamos o que dispõe a mencionada NT n. 184/2012:

> "O aviso-prévio proporcional terá uma variação de 30 a 90 dias, conforme o tempo de serviço na empresa. Dessa forma, todos os empregados terão no mínimo 30 dias durante o primeiro ano de trabalho, somando a cada ano mais três dias, devendo ser considerada a projeção do aviso-prévio para todos os efeitos. Assim, o acréscimo de que trata o parágrafo único da lei, somente será computado *a partir do momento em que se configure uma relação contratual que supere um ano na mesma empresa.*" (o destaque é do original)

Continua a Norma Técnica:

> Neste ponto específico, após diversas conversações, esta Secretaria modificou o entendimento anterior oferecido por ocasião da confecção do Memorando Circular n. 10 de 2011 (itens 5 e 6).

Diante dessa nova posição, temos o seguinte quadro:

até 1 ano incompleto	=	30 dias
1 ano completo	=	33 dias
2 anos completos	=	36 dias
3 anos completos	=	39 dias
4 anos completos	=	42 dias
5 anos completos	=	45 dias
6 anos completos	=	48 dias
7 anos completos	=	51 dias

8 anos completos	=	54 dias
9 anos completos	=	57 dias
10 anos completos	=	60 dias
11 anos completos	=	63 dias
12 anos completos	=	66 dias
13 anos completos	=	69 dias
14 anos completos	=	72 dias
15 anos completos	=	75 dias
16 anos completos	=	78 dias
17 anos completos	=	81 dias
18 anos completos	=	84 dias
19 anos completos	=	87 dias
20 anos completos	=	90 dias
+ de 20 anos	=	90 dias

4.2.2.2. Redução da jornada de trabalho

No aviso dado pelo empregador, o empregado tem direito à redução da jornada em duas horas diárias ou sete dias seguidos, a seu critério, conforme preceitua o art. 488, *caput* e parágrafo único, da CLT, *verbis*:

> Art. 488 – O horário normal de trabalho do empregado, durante o prazo do aviso, e se a rescisão tiver sido promovida pelo empregador, será reduzido de 2 (duas) horas diárias, sem prejuízo do salário integral.
>
> Parágrafo único. É facultado ao empregado trabalhar sem a redução das 2 (duas) horas diárias previstas neste artigo, caso em que poderá faltar ao serviço, sem prejuízo do salário integral, por 1 (um) dia, na hipótese do inciso l, e por 7 (sete) dias corridos, na hipótese do inciso II do art. 487 desta Consolidação. (Incluído pela Lei n. 7.093, de 25.4.1983)

Mesmo com o advento da Lei n. 12.506, de 11 de outubro de 2011, não houve qualquer alteração nesse direito, permanecendo a redução de duas horas e a ausência por sete dias seguidos, a critério do empregado.

4.2.2.3. Integração dos adicionais

Os adicionais que o empregado recebe habitualmente integram o salário também para efeito de cálculo do aviso-prévio indenizado.

Dessa forma, o empregado receberá, durante o período de aviso-prévio trabalhado, a remuneração normal, acompanhada, inclusive, de adicionais, na hipótese de trabalho extraordinário, noturno, insalubre, perigoso etc.

Tratando-se de horas extras ou noturnas, deve-se apurar a média mensal do número de horas feitas pelo empregado e multiplicá-lo pelo salário/hora atual do mesmo, acrescida do respectivo adicional. O período básico para a apuração da média, neste caso, corresponderá aos 12 últimos meses, para os empregados com mais de um ano de serviço, ou aos meses trabalhados a contar da admissão até a data da rescisão, para os empregados com tempo inferior.

4.2.2.4. O aviso-prévio no contrato a prazo

Nos contratos a prazo determinado não há necessidade de aviso-prévio, pois, nesta modalidade de contrato, as partes já conhecem o seu termo final.

Todavia, havendo a rescisão antecipada por iniciativa de qualquer das partes, a parte que o fizer deverá à outra uma indenização equivalente a 50% dos salários devidos ao empregado até o final do contrato.

Entretanto, nos contratos a prazo em que haja cláusula assecuratória do direito recíproco de rescisão antecipada, exercendo uma das partes tal faculdade, passará esse contrato a reger-se pelas normas relativas aos contratos por prazo indeterminado, sendo devido o aviso-prévio.

4.2.2.5. Aviso-prévio trabalhado

No aviso-prévio trabalhado, o empregado tem direito à redução de jornada (*vide* tópico 4.2.2.2) e ao salário com os adicionais (*vide* tópico 4.2.2.3)

Suas verbas deverão ser pagas no primeiro dia útil após o término do aviso de 30 dias (CLT, art. 477, § 6º, *a*).

4.2.2.6. Aviso-prévio dispensado

A dispensa do aviso-prévio ocorre quando a rescisão do contrato é da iniciativa do empregado e o crédito do aviso é do empregador. Pode este último dispensar o empregado do cumprimento ou da indenização.

Neste caso, entendemos que a empresa, ao dispensar o empregado do cumprimento do aviso-prévio por ele devido, fica na obrigação de pagar as verbas no prazo de dez dias, como se o aviso tivesse sido indenizado.

Já em se tratando de renúncia ao aviso-prévio pelo empregado, a lei lhe veda essa prerrogativa, tratando como instituto de ordem pública, transformando em direito indisponível o aviso-prévio, como forma de proteção do trabalhador.

A renúncia só pode ser aceita pelo empregador se o empregado comprovar ter encontrado novo emprego.

Vejamos o Enunciado n. 276 do TST: "O direito ao aviso-prévio é irrenunciável pelo empregado. O pedido de dispensa de cumprimento não exime o empregador de pagar o valor respectivo, salvo comprovação de haver o prestador dos serviços obtido novo emprego".

4.2.2.7. Aviso-prévio indenizado

No aviso-prévio indenizado, a rescisão ocorre no ato da comunicação, devendo o empregador pagar ao empregado o valor correspondente a um mês de salário, como indenização pelo aviso não concedido.

Neste caso, as verbas rescisórias deverão ser pagas no prazo de dez dias e o empregado fica, de logo, dispensado.

O Ministério do Trabalho e Emprego, esclarecendo o alcance da norma que estabelece a repercussão do aviso-prévio para efeito do tempo de serviço, determinando que a falta de aviso-prévio por parte do empregador dá ao empregado o direito aos salários correspondentes ao prazo do aviso, *garantida sempre a integração desse período no seu tempo de serviço* (cf. § 1º do art. 487 da CLT), inseriu no bojo da Instrução Normativa n. 15/2010 a seguinte orientação quanto às anotações a serem feitas na CTPS do trabalhador:

> Art. 17. Quando aviso-prévio for indenizado, a data da saída a ser anotada na CTPS deve ser:
>
> I – Na página relativa ao contrato de trabalho, a do último dia da data projetada para aviso-prévio indenizado; e
>
> II- na página relativa às anotações gerais, a data do último dia efetivamente trabalhado.
>
> Parágrafo único. No TRCT, a data a ser efetivamente consignada será a do último dia efetivamente trabalhado.

A Súmula n. 182 do TST também determina que o tempo de aviso-prévio, mesmo indenizado, conta-se para efeito de indenização adicional do art. 9º da Lei n. 6.708/1979.

Isso implica que a repercussão do aviso indenizado em 30 dias para a frente, levando a data da rescisão para o trintídio que antecede a data-base da categoria do trabalhador, dá-lhe direito à indenização correspondente a um mês de salário.

Já a determinação legal capitulada no § 1º do art. 487 da CLT, ao afirmar que o trabalhador tem direito aos salários correspondentes ao prazo do aviso, retirou dessa verba — aviso-prévio indenizado — a natureza indenizatória e estabeleceu a sua natureza salarial.

Pela Súmula n. 305, o Tribunal Superior do Trabalho não deixou dúvida quanto à natureza salarial da verba paga ao trabalhador no aviso-prévio indenizado, determinando que "o pagamento relativo ao período de aviso-prévio, trabalhado ou não, está sujeito à contribuição para o FGTS".

4.2.2.8. Aviso-prévio "em casa"

Uma forma que ainda não obteve a unanimidade, nem da doutrina nem do Poder Judiciário, é o denominado aviso-prévio "em casa", ou seja, aquele em que empregador avisa o empregado da rescisão e o dispensa do trabalho no prazo de sua decorrência.

Como já afirmamos, o empregado que recebe o aviso-prévio poderá optar pela redução de duas horas diárias ou pela redução do tempo do aviso-prévio em sete dias corridos.

Essa redução visa possibilitar a procura de novo emprego pelo empregado em fase de demissão.

Porém, tem virado prática a concessão do aviso ficando o empregado dispensado de comparecer à empresa, mas esta postergando a rescisão para o final dos 30 dias, fazendo com que o empregado cumpra o aviso em casa.

É válido o aviso-prévio para ser cumprido em casa?

Entendo que é válido porque se o empregado, pela lei, tem direito a um mínimo de duas horas ou sete dias livres para procurar um novo emprego, a dilatação para 30 dias não o prejudica.

Essa linha de pensamento, entretanto, não é pacífica, tem forte oposição.

Alguns tribunais têm se posicionado no sentido de ser nulo o aviso para cumprir em casa, condenando-se o empregador a pagar novamente o prazo do aviso, acrescido da multa do § 6º do art. 477 da CLT.

Esperamos que o assunto seja pacificado.

O próprio Tribunal Superior do Trabalho já tomou posição favorável à validade dessa espécie de aviso, conforme decisão abaixo colhida do voto do Ministro Luiz Guimarães Falcão:

> Aviso-prévio. Cumprimento. Multa do parágrafo 6 do art. 477 da CLT. Não ocorreu no caso específico, ausência de aviso-prévio, indenização do mesmo ou ainda, dispensa do seu cumprimento do aviso-prévio em casa, incidindo por isso, o prazo previsto na alínea do parágrafo 6, do art. 477 da CLT. Em consequência, não é devido o pagamento da multa disposta no § 6º do supra citado artigo consolidado (Ac. E/RR113.915/94.6, DOU de 9.5.1995, p. 12.712).

Pela mencionada Instrução Normativa n. 15/2010, o Ministério do Trabalho e Emprego, contrário a essa prática, determina que, "caso o empregador não permita que o empregado permaneça em atividade no local de trabalho durante o aviso-prévio, na rescisão deverão ser obedecidas as mesmas regras do aviso-prévio indenizado" (art. 18).

Portanto, embora questionável, aconselhamos a segurança de não se praticar a figura do aviso-prévio em casa.

4.2.2.9. Auxílio-doença e o acidente de trabalho no decurso do aviso-prévio

Ocorrendo o afastamento do empregado por motivo de doença, no decorrer do aviso-prévio, considera-se suspenso o contrato de trabalho e o empregado em licença não remunerada, enquanto durar o benefício (art. 476 da CLT).

A suspensão do contrato efetiva-se a partir do 16º dia de afastamento, quando o empregado passa a receber o auxílio-doença da Previdência Social. A partir de então, também se suspende a contagem do prazo do aviso-prévio.

A contagem é retomada, pelos dias que faltavam, a partir da alta do empregado.

Durante os primeiros 15 dias, remunerados pela empresa, o prazo do aviso-prévio flui normalmente, configurando-se interrupção do contrato de trabalho.

Exemplos:

1º) Aviso-prévio de 30 dias, comunicado no dia 15 do mês. Transcorridos 5 dias de trabalho do aviso, o empregado afasta-se por motivo de doença, retornando 60 dias depois.

Após o retorno, o empregado trabalhará mais 10 dias, completando os 30 do aviso (5 dias trabalhados + 15 primeiros dias de afastamento + 10 trabalhados após a alta).

A data da baixa na CTPS correspondente à do 10º dia de trabalho após a alta.

2º) Aviso-prévio de 30 dias comunicado no dia 1º do mês. Após 18 dias de trabalho, o empregado afasta-se por motivo de doença, retornando 60 dias depois.

No exemplo, o aviso-prévio está totalmente cumprido. Ao empregado cabe apenas 12 dos 15 dias de afastamento, a título de complemento do período de aviso.

4.2.2.10. Reconsideração do aviso-prévio

A parte que conceder o aviso-prévio pode reconsiderá-lo durante o seu decurso de prazo, facultado à outra parte aceitar ou não.

Aceita a reconsideração, o aviso deixa de existir, para todos os efeitos.

A reconsideração também pode ocorrer de forma tácita, tanto da parte do empregador como da parte do emprego: basta que o empregado continue trabalhando após o término do prazo de aviso, sem qualquer oposição.

4.2.2.11. Aviso-prévio e estabilidade provisória

A estabilidade provisória é a segurança que tem o trabalhador de permanecer no emprego por determinado período sem a possibilidade de ser demitido sem justa causa. Permite-se apenas a rescisão contratual fundada em prática de falta grave devidamente comprovada, em inquérito judicial.

Trata-se de matéria constitucional, conforme ditame do inciso I e *caput* do art. 7º da Constituição Federal, que estabelecem ser direito dos trabalhadores urbanos e rurais, além de outros que visem à melhoria de sua condição social, "relação de emprego protegida contra despedida arbitrária ou sem justa causa, nos termos de lei complementar que preverá indenização compensária, dentre outros direitos".

É vedada a dispensa do empregado nas seguintes situações (**estabilidade provisória**):

1. Empregada gestante desde a confirmação da gravidez até o quinto mês após o parto (art. 10, inciso II, alínea *b* do Ato das Disposições Transitórias da Constituição Federal de 1988).

2. Empregado eleito para cargo de direção da CIPA, desde o registro de sua candidatura até um ano após o final de seu mandado (art. 10, inciso II, alínea *a*, do Ato das Disposições Transitórias da Constituição Federal de 1988).

O Enunciado n. 339 do TST preceitua: "339 – CIPA. Suplente Garantia de emprego. CF/88. O suplente da CIPA goza da garantia de emprego prevista no art. 10, inciso II, alínea *a*, do ADCT da Constituição Federal de 1988."

3. Empregado sindicalizado ou associado, a partir do momento de sua candidatura a cargo de direção ou representação da entidade sindical ou de associação profissional, até um ano após o final do seu mandado, caso seja eleito, inclusive como suplente (art. 543, § 3º, da CLT).

4. Segurado que sofreu acidente do trabalho, pelo prazo mínimo de 12 meses, após a cessação do auxílio-doença acidentário, independentemente de percepção do auxílio-acidente (art. 118 da Lei n. 8.213/91).

5. Representantes dos empregados membros da Comissão de Conciliação Prévia, titulares e suplentes, até um ano após o final do mandato, salvo se cometerem falta grave, nos termos da lei (art. 625-B, § 1º, da CLT, com redação dada pela Lei n. 9.958 de 12.1.2000). A lei estabelece essa estabilidade para os representantes dos empregados nas comissões empresariais ou de grupo de empresas, silenciando em relação às comissões intersindicais.

6. Empregado com contrato de trabalho suspenso.

7. Empregado protegido por estabilidade determinada em negociação coletiva, sentença normativa ou lei.

Quanto à possibilidade da concessão do aviso-prévio no decurso da estabilidade provisória de forma que o término do aviso coincida com o da estabilidade, temos correntes doutrinárias divergentes, e ambas com fortes argumentos.

Entre aqueles que se posicionam no sentido de não ser possível a simultaneidade entre aviso-prévio e estabilidade provisória, o argumento mais frequente é o de haver diversidade na natureza jurídica de ambos os institutos, e, portanto, não se confundirem. A finalidade da estabilidade provisória é oposta à do aviso-prévio; enquanto um assegura a permanência do trabalhador na empresa, o outro traduz a intenção do empregador de pôr fim ao contrato de trabalho. Assim, a concessão simultânea implicaria desrespeito ao art. 7º, XXVI, da CF/88 e ao art. 487, § 1º, da CLT, além de reduzir o tempo de serviço do trabalhador em período correspondente ao do aviso-prévio.

Para outros não há qualquer impedimento legal à opção do empregador em fazer coincidir parcial ou integralmente o período de aviso-prévio com o fluxo de estabilidade provisória. Entendem ser o período de aviso-prévio tempo de serviço para todos os efeitos legais, seja ele trabalhado ou indenizado, daí compatível com o período de estabilidade provisória.

Prepondera na jurisprudência trabalhista a posição pela incompatibilidade dos institutos.

A Súmula n. 348 do TST é clara: "É inválida a concessão de aviso-prévio na fluência da garantia de emprego, ante a incompatibilidade dos dois institutos."

Somos também de opinião que o aviso só deve ser dado depois de extinta a estabilidade, já que seria impossível a prática do aviso indenizado ou do dispensado.

Para maior segurança da empresa empregadora, aconselhamos este posicionamento, evitando-se a indenização futura do aviso e de seus reflexos.

De ordem inversa, o empregado já avisado da rescisão não poderá adquirir estabilidade, se não a possuía quando do aviso.

Há exceção somente para a gestante que tenha concebido o filho na decorrência do aviso-prévio, trabalhado ou indenizado, conforme posição adotada pelo TST, como na decisão a seguir transcrita:

> Ementa:
>
> RECURSO DE REVISTA. ESTABILIDADE DA GESTANTE. GRAVIDEZ NO CURSO DO AVISO-PRÉVIO INDENIZADO. Nos termos do atual posicionamento adotado pela SBDI-1 desta Corte, há garantia constitucional de estabilidade da gestante, ainda que a concepção ocorra no curso do aviso-prévio indenizado. O objetivo é proteger o nascituro. Recurso de revista de que se conhece e a que se dá provimento (Processo: RR - 40900-39.2008.5.03.0033, data de Julgamento: 30.3.2011, rel. Ministro Pedro Paulo Manus, 7ª T., data de Publicação: DEJT 8.4.2011).

Seguem algumas posições jurisprudenciais sobre o tema, demonstrando acentuada divergência:

> Aviso-prévio. Concessão na fluência da garantia de emprego. É desvaliosa a concessão do aviso-prévio no período em que o empregado encontra-se beneficiado por garantia de emprego, ante a incompatibilidade dos dois institutos. A garantia contra a dispensa injusta visa, exatamente, impedir ou limitar o exercício do empregador do direito potestativo de rescindir o contrato, que estaria sendo fraudado se admitir-se válida a concomitância do aviso-prévio nos últimos trinta dias daquela garantia. Recurso de Embargos conhecido e provido (TST – Ac. unânime da SDI – ERR 83.700/93.0-12º R., rel. Min. Euclides Alcides Rocha, j 5.12.1995, 1. 2.2.1996, p. 1.027).
>
> Estabilidade provisória no curso do aviso-prévio. A estabilidade provisória estabelecida pela sentença normativa não atinge o empregado no curso do aviso-prévio indenizado, porque o período correspondente ao aviso não integra o tempo de serviço para os efeitos previstos no § 3º, do art. 543 da CLT, pois no momento em que foi dado o aviso-prévio, acarretou a eficácia extintiva do contrato de trabalho, não havendo o que falar em estabilidade (TST – Ac. da 2ª T., por maioria de votos, no mérito, RR 146.817/94.1, 12º R., rel. Min. João Tezza, j 23.8.1995, DJU 1 29.9.1995, p. 32.193).
>
> O aviso-prévio representa apenas uma comunicação prévia de futura rescisão unilateral do contrato. Durante o seu prazo, o contrato prossegue em plena vigência, tendo o empregado direito a todas as vantagens concedidas nesse período, inclusive eventual estabilidade no emprego que, no caso, impede que se consuma a dispensa. Em contrapartida,

não há qualquer óbice a que o aviso-prévio transcorra no curso de período de estabilidade provisória, pois esta impossibilita a dispensa e não sua comunicação (TRT, 2ª R., Ac. unânime da 2ª T., RO 02930532720, rel. Juiz Pedro Carlos Sampaio Garcia, j. 10.7.1995, DJ SP II 19.7.1995, p. 30).

Estabilidade provisória. Aviso-prévio. Fluxo. Não há qualquer impedimento legal para fazer coincidir parcial ou integralmente o fluxo do prazo do aviso-prévio com o período de estabilidade provisória no emprego, desde que forem pagas todas as decorrências desta, sem qualquer prejuízo, já incluídas as daquele. Exigir o início do fluxo do prazo do aviso-prévio após o termo final da estabilidade provisória no emprego acarreta o injustificado elastecimento desta. Revista conhecida e desprovida (TST, Ac. da 3ª T., por maioria de votos, no mérito, RR 73.948/93.3, 12ª R., rel. Min. Roberto Della Manna, j. 23.11.1994, DJU 1 16.6.1995, p. 18.509).

Garantia de emprego — Aviso-prévio — Não há como se confundir um instituto com o outro. Nada impede que o operário seja notificado do aviso-prévio, no curso da garantia convencional, desde que o seu desligamento ocorra após a cessação da garantia, mesmo que seja por um dia. A garantia convencional foi respeitada e acatada. Dou provimento para julgar improcedente a reclamação (TST, Ac. da 1ª T., por maioria de votos, no mérito, RR 119. 459/94.5, 12ª R., red. Designado Min. Ursulino Santos, j. 22.11.1994, DJU 1 24.2.1995, p. 3.867).

Aviso-prévio — Concessão no curso de garantia de emprego: É inadmissível a concessão de pré-aviso a empregado que, por força de instrumento normativo em vigor, goza de garantia de emprego, considerada a diversidade da natureza jurídica de ambos os institutos. A ocorrência implicaria a subtração de trinta dias ao tempo de serviço do reclamante, além de representar a negação dos efeitos plenos da norma coletiva, do que resultariam inobservados tanto o art. 487, § 1º, da CLT, quanto o art. 7º, inciso XXXVI da Carta Política de 1988. Revista conhecida e provida (TST, Ac. da 5ª T., por maioria de votos, no mérito, RR 123.596/94.6, 12ª R., rel. Min. Antônio Maria Thaumaturgo Cortizo, j. 17.12.1994, DJU 1 24.2.1995, p. 3.966).

Estabilidade — Aviso-prévio indenizado. Entendemos que a estabilidade de emprego e o aviso-prévio, que, na garantia se insira, constituem institutos que se não conciliam. Com efeito, admitir-se válido o aviso-prévio durante o período de garantia, há, impreterivelmente, uma redução no tempo respectivo da garantia, ou a *contrario sensu* se sacrifica o aviso-prévio, incluindo-se nela. De qualquer modo, em um outro aspecto, lesado fica o inciso XXVI do art. 7º da Carta Magna, por afronta à norma coletiva instituidora. Revista a que se dá provimento para reconhecer ao Reclamante o aviso-prévio (TST, Ac. unânime da 2ª T., RR 100. 243/93.8, 12ª R., rel. Min. Hylo Gurgel, j. 24.11.1994, DJU 1 17.2.1995, p. 2.963).

Aviso-prévio e garantia de emprego. É perfeitamente cabível o aviso-prévio no curso da garantia de emprego, desde que respeitado o prazo estabilitário. Revista provida (TST, Ac. unânime da 1ª T., RR 117. 336/94.7, 12ª R., rel. Min. Afonso Celso, j. 27.10.1994, DJU 1 9.12.1994, p. 34.222).

4.2.2.12. Justa causa durante o aviso-prévio

Conforme os arts. 482 e 483 da Consolidação das Leis do Trabalho, a justa causa poderá ser praticada por qualquer das partes — empregado ou empregador. As situações estão enumeradas nos citados dispositivos legais.

4.2.2.12.1. *Justa causa praticada pelo empregado*

Conforme o Enunciado TST n. 73, a falta grave, salvo a de abandono de emprego, praticada pelo empregado no decurso do prazo do aviso dado pelo empregador, retira daquele qualquer direito à indenização.

Portanto, o não comparecimento ao serviço, após o empregado ter recebido o aviso-prévio, não caracteriza falta grave de abandono de emprego, asseguradas as verbas inerentes à dispensa sem justa causa, salvo o salário correspondente ao período do aviso, porque não trabalhado.

Ocorrendo qualquer das demais hipóteses previstas no citado art. 482 da CLT, no curso do aviso, o empregador poderá proceder à justa rescisão do contrato individual de trabalho. Assim ocorrendo, os direitos trabalhistas do empregado ficam restritos a saldo de salário e férias vencidas (CLT, art. 491).

4.2.2.12.2. *Justa causa praticada pelo empregador*

Neste caso, o empregador se obriga ao pagamento da remuneração correspondente ao prazo do aviso, sem prejuízo da indenização devida ao empregado (CLT, art. 490), tendo o empregado assegurado todos os seus direitos, inclusive a indenização dos dias restantes para o termo final do aviso.

4.2.2.13. Da projeção do aviso-prévio

Tendo em vista a nova contagem de prazo do aviso-prévio proporcional, o empregador que quiser demitir seu empregado tem que observar o seu tempo de serviço e conceder o aviso com a antecedência equivalente aos dias a que tem direito.

Não se considera a contagem com base em mês, mas sim em dias. Ressalte-se que os dias de aviso são inseridos como de tempo de serviço para sua própria contagem, *v.g.*, um empregado está na mesma empresa por três anos e nove meses. Temos então 30 + 3 + 3 = 36 dias. No caso em tela, o aviso tem que anteceder os 36 dias. Melhor ainda, o término do contrato do empregado só ocorrerá 36 dias depois do recebimento do aviso.

Outro exemplo: o empregado tem seis anos de relação de emprego com a mesma empresa. Temos então: 30 + 15 = 45 dias. O contrato só pode ser rescindido após decorridos os 45 dias.

Mais um exemplo: o empregado tem seis anos e onze meses na empresa. Temos a seguinte situação: os 42 dias do aviso (dos cinco anos já transcorridos) completam os seis anos na empresa, levando o cálculo para 45 dias também, considerando o que dispõe a parte final do § 1º do art. 487 da CLT, *verbis*:

> "Art. 487:
>
> § 1º A falta do aviso-prévio por parte do empregador dá ao empregado o direito aos salários correspondentes ao prazo do aviso, garantida sempre a integração desse período no seu tempo de serviço. (destaque nosso)

Esclareça-se ainda que a fração de dias a partir de 15 dias de aviso-prévio proporcional repercute em 1/12 nas verbas rescisórias.

Outro ponto importante é o fato de algumas convenções coletivas ou acordos coletivos albergarem normas de concessão de aviso-prévio duplicado ou triplicado, dependendo do período de vigência do contrato.

Se a norma não trouxe condições restritivas, o aviso elastecido será incorporado para todos os efeitos. É este o entendimento esposado pelo Colendo Tribunal Superior do Trabalho — TST, conforme a Orientação Jurisprudencial n. 367 da SDI-1, seguinte:

> Aviso-prévio de 60 dias. Elastecimento por norma coletiva. Projeção. Reflexos nas parcelas trabalhistas. O prazo de aviso-prévio de 60 dias, concedido por meio de norma coletiva que silencia sobre alcance de seus efeitos jurídicos, computa-se integralmente como tempo de serviço, nos termos do § 1º do art. 487 da CLT, repercutindo nas verbas rescisórias.

Mesmo assim, será deduzido do novo aviso-prévio legal, pois o cálculo não é cumulativo.

4.2.2.14. Aviso-prévio x data base

Estabelece a Lei n. 7.238/1984, em seu art. 9º, que "o empregado dispensado, sem justa causa, no período de 30 (trinta) dias que antecede a data de sua correção salarial, terá direito à indenização adicional equivalente a um salário mensal, seja ele optante ou não pelo Fundo de Garantia do Tempo de Serviço — FGTS."

Portanto, se o aviso-prévio proporcional terminar nos 30 dias que antecedem a data base da categoria, faz jus o empregado demitido a indenização prevista na Lei n. 7.238/1984 (art. 9º), ou seja, uma indenização equivalente a um mês de salário do empregado demitido.

Assim, se um empregado tem direito a um aviso-prévio de 30 dias, tem data base em 1º de junho e recebe aviso-prévio em abril (indenizado ou trabalhado), o seu contrato terá repercussão até o mês de maio, dando-lhe direito à citada indenização.

Já se esse mesmo empregado tivesse direito a 42 dias de aviso-prévio, a projeção iria para o mês de junho, dando direito ao empregado somente a complementação das verbas rescisórias com base no percentual estabelecido na convenção coletivo ou dissídio.

4.3. Dos direitos do empregado nas rescisões

Os direitos do trabalhador e suas verbas rescisórias variam de conformidade com a situação da rescisão, como veremos a seguir.

4.3.1. Extinção do contrato individual de trabalho a prazo (tempo determinado)

No termo final dos contratos a prazo ou por tempo determinado, não é tecnicamente correto falarmos em rescisão de contrato. Trata-se de sua extinção por ter cumprido o seu lapso temporal de vigência.

Findo o contrato, o vínculo encerra-se, cabendo ao empregado os seguintes direitos:

a) saldo de salário;

b) férias proporcionais + 1/3;

c) 13º salário proporcional;

d) Termo de Rescisão do Contrato de Trabalho — código 04

e) levantamento dos depósitos do FGTS.

4.3.1.1. Extinção do contrato de experiência

Como já afirmado, o contrato de experiência é uma espécie de contrato a prazo. No seu final, o empregado terá direito a:

a) saldo de salário

b) férias proporcionais (art. 147 da CLT)

c) acréscimo sobre férias (mínimo de 1/3) — art. 7º, inciso XVII, da CF.

d) 13º proporcional (art. 3º da Lei n. 4.090/1962)

e) FGTS — Termo de Rescisão do Contrato de Trabalho — Código 04 (art. 20, inciso IX, da Lei n. 8.036/1990. Extinção normal do contrato a termo.)

f) cópia do Instrumento Contratual (art. 36, inciso IV, do RFGTS).

g) FGTS dos valores pagos no TRCT, depositar em conta vinculada.

4.3.1.1.1. Rescisão antecipada do contrato de experiência pelo empregador

Nos termos do art. 479 da CLT, em caso de rescisão antecipada por parte do empregador e não havendo no contrato de experiência cláusula assecuratória do direito recíproco de rescisão antecipada, é devida ao empregado uma indenização correspondente a 50% da remuneração a que o empregado teria direito até o final do contrato. O cálculo é simples: divide-se o salário contratado por 30 dias; multiplica-se o quociente pelo número de dias que faltava para findar o contrato; o produto é dividido por dois para se encontrar o valor da indenização.

O empregado terá direito a:

a) indenização (art. 479 da CLT)

b) saldo de salário

c) férias proporcionais + 1/3 (art. 147 da CLT — art. 7º, XVII, da CF).

d) 13º salário proporcional (art. 3º da Lei n. 4.090/1962)

f) multa do FGTS 40%

g) FGTS — Termo de Rescisão do Contrato de Trabalho — Código 01

A empresa deverá ainda recolher a contribuição de 10% sobre o montante do FGTS.

4.3.1.1.2. Rescisão antecipada do contrato de experiência pelo empregado

Se a iniciativa da rescisão antecipada do contrato de experiência for do empregado este fica obrigado a indenizar o empregador dos prejuízos que desse fato lhe resultarem, desde que não ultrapasse àquela a que teria direito o empregado em idênticas condições.

O empregado tem direito a:

a) saldo de salário

b) 13º salário proporcional (Súmula n. 157)

c) férias proporcionais + 1/3

4.3.2. Rescisão por pedido de demissão

Trata-se da rescisão do contrato por prazo indeterminado, de iniciativa do empregado.

4.3.2.1. Rescisão por pedido de demissão antes de completar um ano de serviço

O empregado deve o aviso-prévio ao empregador.

O empregado tem direito a:

a) saldo de salário

b) 13º salário proporcional (art. 3º da Lei n. 4.090/1962)

c) férias proporcionais + 1/3

O Termo de Rescisão do Contrato de Trabalho é emitido sem menção do código de movimentação do FGTS, o qual ficará depositado em conta vinculada.

4.3.2.2. Rescisão por pedido de demissão depois de completar um ano de serviço

O empregado deve o aviso-prévio ao empregador.

O empregado terá direito a:

a) saldo de salário

b) 13º salário (art. 3º da Lei n. 4.090/1962)

c) férias vencidas + 1/3, se ainda não as tiver gozado (art. 146 da CLT)

d) férias proporcionais + 1/3 (parágrafo único do art. 146 da CLT)

O Termo de Rescisão do Contrato de Trabalho é emitido sem menção do código de movimentação do FGTS, o qual ficará depositado em conta vinculada.

4.3.3. Rescisão por dispensa sem justa causa

Os direitos do trabalhador variam dependendo do tempo de serviço.

4.3.3.1. Rescisão por dispensa sem justa causa antes de completar um ano de serviço

O empregado terá direito a:

a) aviso-prévio (art. 487 da CLT)

b) férias proporcionais + 1/3 (art. 147 da CLT)

c) 13º salário (art. 3º da Lei n. 4.090/1962)

d) FGTS — Termo de Rescisão de Contrato de Trabalho — Código 01

e) saldo de salário

f) multa do FGTS — 40%

A empresa deverá ainda recolher a contribuição de 10% sobre o montante do FGTS.

4.3.3.2. Rescisão por dispensa sem justa causa com mais de um ano de serviço

O empregado terá direito a:

a) aviso-prévio (art. 487 da CLT)

b) férias proporcionais indenizadas (art. 146, parágrafo único da CLT)

c) férias vencidas se ainda não as tiver gozado (art. 146 da CLT)

d) acréscimo sobre férias (mínimo de 1/3) (art. 7º, XVII, da CF)

e) 13º salário (art. 3º da Lei n. 4.090/1962)

f) saldo de salário

g) FGTS — Termo de Rescisão de Contrato de Trabalho — Código 01

h) multa do FGTS de 40%

A empresa deverá ainda recolher a contribuição de 10% sobre o montante do FGTS.

4.3.4. Rescisão por dispensa com justa causa

Quando ocorrer o enquadramento do empregado nas faltas previstas no art. 482 da CLT.

4.3.4.1. Rescisão por dispensa com justa causa antes de completar um ano de serviço

O empregado terá direito a:

a) saldo de salário

b) aos depósitos do FGTS, os quais permanecerão em conta vinculada — o Termo de Rescisão do Contrato não contém menção ao Código.

4.3.4.2. Rescisão por dispensa com justa causa com mais de um ano de serviço

O empregado terá direito a:

a) saldo de salário

b) férias vencidas + 1/3, caso ainda não as tenha gozado

c) aos depósitos do FGTS, os quais permanecerão em conta vinculada — o Termo de Rescisão do Contrato não contém menção ao Código.

4.3.5. Culpa recíproca

Na culpa recíproca, empregado e empregador motivaram a rescisão. Só pode ser reconhecida via processo judicial.

A multa do FGTS é reduzida para 20% e o empregado perde o direito a aviso-prévio, férias proporcionais e ao 13º salário do ano da ocorrência.

4.3.6. Despedida indireta

O empregado poderá considerar rescindido o contrato de trabalho quando ocorrer qualquer das condições relacionadas no art. 483 da CLT.

Seus direitos são iguais aos da despedida sem justa causa.

Ressaltamos que, no caso de não cumprimento pelo empregador das obrigações do contrato (art. 483, *d*, CLT), ou quando o empregador reduzir o trabalho do empregado, sendo este por peça ou tarefa, de forma a afetar sensivelmente a importância dos salários (art. 483, *g*, CLT), o empregado poderá pleitear a rescisão do contrato de trabalho e o pagamento das respectivas indenizações, permanecendo ou não no serviço até o final da decisão do processo (art. 483, § 3º, da CLT).

Deste dispositivo, temos que os casos relacionados nas alíneas *a*, *b*, *c*, *e* e *f* do art. 483 da CLT dão direito ao empregado de considerar rescindido o contrato de trabalho. Já nas duas situações excepcionadas (alíneas *d* e *g*, do mesmo artigo) haverá a necessidade do reconhecimento judicial através de processo legal.

4.3.7. Factum principis

O *factum principis* ocorre no caso de paralisação temporária ou definitiva do trabalho, por força de ato de autoridade municipal, estadual ou federal, ou pela promulgação de lei ou resolução que impossibilite a continuação do negócio.

Neste caso, todos os direitos do trabalhador são devidos, como nos termos da demissão sem justa causa. As indenizações devem ser ressarcidas à empresa pela autoridade responsável pelo ato.

É uma espécie do gênero **força maior.**

A configuração do fato exige que não haja a culpa do empregador, nem indireta, e que haja total impossibilidade de continuação do negócio.

Ocorrendo, portanto, o **fechamento da empresa** ou de **estabelecimento** em virtude do ***factum principis***, a rescisão fica sujeita a essa situação.

Porém, o fechamento por iniciativa da empresa é considerado como rescisão sem justa causa, caso o empregado não seja lotado em outra unidade da mesma empresa ou do grupo empresarial.

4.3.8. Acordo

Sendo as verbas trabalhistas irrenunciáveis, os acordos devem respeitar tais direitos.

Portanto, não tem validade acordo firmado entre o empregado e o empregador para rescindir o contrato com dispensa de direitos ou abdicação de verbas.

4.3.9. Morte do empregado

Ocorrendo a morte do empregado, seus direitos trabalhistas deverão ser pagos a seus dependentes, nos termos da Lei n. 6.858/1980.

4.3.9.1. Morte do empregado antes de completar um ano de serviço

Os dependentes, segundo a Lei n. 6.858/1980, terão direito a:

a) saldo de salário

b) 13º salário (art. 3º da Lei n. 4.090/1962)

c) FGTS — Termo de Rescisão do Contrato de Trabalho — Código 23

4.3.9.2. Morte do empregado com mais de um ano de serviço

Segundo a citada Lei n. 6.858/1980, os dependentes terão direito a:

a) saldo de salário

b) 13º salário (art. 3º da Lei n. 4.090/1962)

c) FGTS — Termo de Rescisão do Contrato de Trabalho — Código 23

d) férias vencidas, se não foram gozadas em vida (art. 146 da CLT)

e) férias proporcionais (art. 146, parágrafo único, da CLT)

f) acréscimo sobre férias (mínimo 1/3) (art. 7º, XVII, da CF)

g) FGTS do termo de rescisão do contrato de trabalho deverá ser depositado.

4.3.10. Dispensa fictícia seguida de recontratação

Já nos manifestamos sobre as dispensas fictícias com a finalidade de levantamento do FGTS ou fruição do seguro-desemprego. Tais práticas são infracionais às leis, sujeitando a empresa e o empregado às penalidades civis e criminais decorrentes.

É considerada fraudulenta a rescisão seguida de contratação do mesmo trabalhador ou sua permanência em serviços dentro dos 90 dias subsequentes da data da citada rescisão, conforme estabelecido na Portaria n. 384/1992 do Ministério do Trabalho.

4.4. Dos prazos para pagamento das verbas rescisórias

Conforme dispõe a CLT e orienta o Ministério do Trabalho e Emprego (IN n. 15/2010, art. 23), o pagamento das verbas rescisórias constantes do Termo de Rescisão do Contrato de Trabalho será efetuado em dinheiro ou em cheque administrativo, como regra geral, no ato da assistência.

O pagamento poderá ser feito, dentro dos prazos estabelecidos no § 6º do art. 477 da CLT, por meio de transferência eletrônica ou depósito bancário em conta-corrente ou poupança do empregado, facultada a utilização da conta não movimentável — conta salário, previsto na Resolução n. 3.402, de 6 de setembro de 2006, do Banco Central do Brasil.

Para isso, é necessário que o estabelecimento bancário se situe na mesma cidade do local de trabalho e o empregador comprove que, nos prazos legais ou previstos em convenção ou acordo coletivo de trabalho, o empregado foi informado e teve acesso aos valores devidos.

O pagamento das verbas rescisórias será efetuado somente em dinheiro na assistência à rescisão contratual de empregado não alfabetizado ou na realizada pelos grupos especiais de fiscalização móvel, instituídos pela Portaria MTE n. 265, de 6 de junho de 2002.

Os prazos estabelecidos no art. 477, § 6º, da CLT são até o primeiro dia útil imediato ao término do contrato; e até o décimo dia, contado da data da notificação da demissão, quando da ausência de aviso-prévio, sua indenização ou na dispensa de seu cumprimento.

O não cumprimento desses prazos, exceto por culpa do trabalhador, impõe ao empregador a obrigação do pagamento de uma multa para o empregado correspondente a um salário mensal; e outra a favor da União Federal no valor de 160 BTN, por trabalhador.

Capítulo 5 – Tabela de Incidências do INSS, FGTS e IRRF

VERBAS	INSS	FGTS	IRRF
1. Aviso-prévio indenizado	Sim	Sim	Sim
2. 13º salário proporcional	Sim	Sim	Sim
3. Comissões	Sim	Sim	Sim
4. Férias indenizadas e proporcionais	Não	Não	Sim
5. Gratificações	Sim	Sim	Sim
6. Horas extras	Sim	Sim	Sim
7. Indenização do art. 9º da Lei n. 7.238/1984	Não	Não	Não
8. Indenização por tempo de serviço	Não	Não	Não
9. Indenização do art. 479 da CLT	Não	Não	Não
10. Licença-paternidade	Sim	Sim	Sim
11. Prêmios	Sim	Sim	Sim
12. Saldo de salário	Sim	Sim	Sim
13 Multa (§ 8º do art. 477, CLT)	Não	Não	Não

Capítulo 6 – A Empresa e a Justiça do Trabalho

Merece alguns comentários a atuação da empresa nos litígios trabalhistas, principalmente para evitar a decretação de revelia e da confissão ficta.

6.1. Do representante da empresa (preposto)

Conforme a CLT, a empresa acionada na Justiça do Trabalho deverá se fazer representar por sócio ou empregado, que tenha conhecimento dos fatos, independentemente da presença de advogado.

Havia um hábito de se transferir para o contador a responsabilidade pela elaboração da defesa e representação da empresa nas audiências trabalhistas.

A exigência de que preposto da empresa mantenha vínculo empregatício com reclamada implica que o contador só poderá exercer tal mister se empregado for.

Ressalte-se que o vínculo empregatício deve ser atual, não sendo obrigado que existisse tal vínculo no período reclamado.

Portanto, deve o preposto portar a sua CTPS devidamente anotada para exibição em juízo, caso seja exigida.

Registramos que há casos de decretação de confissão ficta, em virtude de o preposto não ser empregado da reclamada.

A presença do advogado se faz necessária, por imposição legal, pois é privativa do advogado a postulação em juízo.

A empresa deve nomear como preposto pessoa que tenha conhecimento dos fatos, não sendo obrigado que os tenha vivenciado. O preposto deve ser uma pessoa pacata e que não tenha rixa com o reclamante, para não ser radical ou desacatar os presentes na audiência. Deve ainda o preposto ter noção da legislação trabalhista e do dia a dia do setor pessoal.

Além da CTPS, deve o preposto portar carta de preposição assinada pelo representante legal da empresa ou por quem tenha poderes para tanto.

A ausência da carta de preposição poderá ser suprida por autorização do juiz da causa, que estabelecerá prazo para o cumprimento.

Há exceção à regra que exige o preposto seja empregado da reclamada, quando esta é microempresa ou empresa de pequeno porte, nos termos da Lei Complementar n. 123/2006, que estabelece em seu art. 54, *verbis*:

> Art. 54 — É facultado ao empregador de microempresa ou de empresa de pequeno porte fazer-se substituir ou representar perante a Justiça do Trabalho por terceiros que conheçam dos fatos, ainda que não possuam vínculo trabalhista ou societário.

6.2. Da revelia e da confissão ficta

A ausência do preposto, mesmo com a presença do advogado, implicará a aplicação da pena de revelia, ocasionando o reconhecimento dos fatos alegados pelo reclamante como verdadeiros (confissão ficta) (Súmula n. 122 do TST).

A confissão poderá ser elidida por prova robusta que contrarie a pretensão do reclamante. Já a revelia só poderá ser elidida por prova incontestável da impossibilidade do comparecimento do empregador ou de seu preposto, tais como doença súbita, assalto, acidente de trânsito etc.

Se a empresa pretende negar as alegações do reclamante, o preposto da empresa deverá manter linha contrária às pretensões do mesmo. Uma vez admitida pelo preposto como verdadeira a tese do reclamante, não há como reverter a situação, pois é corriqueira a afirmação de que a confissão é a rainha das provas.

6.3. Da documentação

A prova documental deve ser encaminhada ao advogado, em cópias autenticadas, com a antecedência estabelecida entre a empresa e o profissional, para a elaboração da defesa.

O momento da exibição dos documentos em juízo é o da primeira audiência ou da audiência única, como ocorre na maioria das varas do trabalho no Brasil.

Os documentos devem corresponder com a realidade da relação em questão, para se evitar a litigância de má-fé.

Em algumas varas do trabalho há exigência de que os documentos mantenham as mesmas dimensões e venham furados, encadernados e numerados.

As testemunhas arroladas pela empresa deverão ter conhecimento dos fatos para não faltarem com a verdade, sob pena de falso testemunho.

Essas normas também são aplicáveis, dentro das limitações próprias, nas reclamações apresentadas junto às **Comissões de Conciliação Prévia**.

A importância das Comissões é a sua agilidade e diminuição do custo. A sua formação paritária permite melhor solução para o litígio.

Apêndice

1. Perguntas e respostas sobre o HomologNet — *Versão 3.1 — MTE*

01. Generalidades

01.01. Qual o significado das siglas, acrônimos e abreviaturas aqui utilizados?

CEI – Cadastro Específico do INSS

CLT – Consolidação das Leis do Trabalho

CNPJ – Cadastro Nacional da Pessoa Jurídica

CPF – Cadastro de Pessoas Físicas

DSR – Descanso Semanal Remunerado

FGTS – Fundo de Garantia do Tempo de Serviço

INSS – Instituto Nacional do Seguro Social

IRRF – Imposto de Renda Retido na Fonte

MTE – Ministério do Trabalho e Emprego

SRT – Secretaria de Relações do Trabalho

SRTE – Superintendência Regional do Trabalho e Emprego

TRCT – Termo de Rescisão de Contrato de Trabalho

XML – *Extensible Markup Language*

01.02. Que funcionalidades o HomologNet oferece?

Permite ao empregador o cadastro (inclusão, alteração e exclusão) das informações referentes à rescisão de contrato de trabalho. Recebidas as informações, o HomologNet realiza crítica, faz cálculos e gera o TRCT.

Possibilita ao trabalhador consultar informações sobre sua rescisão de contrato de trabalho. Dá suporte ao MTE nos procedimentos de assistência à rescisão de contrato de trabalho.

02. Implantação e abrangência

02.01. Qual é a legislação específica do HomologNet?

A legislação específica do HomologNet encontra-se no Portal do Trabalho e Emprego, no endereço: <http://portal.mte.gov.br/legislacao/assistencia-e-homologacao-de-contrato-de-trabalho.htm>, sendo:

a) Portaria n. 1.620, de 14.7.2010 — Arquivo PDF (56kb), que institui o Sistema HomologNet;

b) Portaria n. 1.621, de 14.7.2010 — Arquivo PDF (67kb), que aprova modelos de TRCT e Termos de Homologação; e

c) Instrução Normativa n. 15, de 14.7.2010 — Arquivo PDF (52kb), que estabelece procedimentos para assistência e homologação na rescisão de contrato de trabalho.

02.02. O HomologNet foi implantado em todas as Unidades Federativas?

Foi implantado no dia 15.7.2010 **nas sedes** das seguintes SRTE: **DF, PB, RJ,** SC e TO. Sua extensão para as sedes das SRTE das demais Unidades Federativas ocorreu em 18.11.2010.

02.03. O HomologNet foi implantado no MTE e nas entidades sindicais?

Foi implantado apenas no âmbito do MTE.

02.04. O HomologNet poderá ser utilizado nas rescisões assistidas em sindicato?

Para que as entidades sindicais possam utilizar o HomologNet nas assistências é necessário o desenvolvimento de um novo e específico módulo. Tal módulo fará uso de Certificação Digital.

02.05. A utilização do HomologNet é obrigatória?

A utilização do HomologNet é facultativa. Nas rescisões contratuais sem necessidade de assistência e homologação, bem como naquelas em que não for utilizado o HomologNet, será utilizado o TRCT previsto no Anexo I da Portaria n. 1.621/2010.

03. Acesso ao HomologNet

03.01. Como é acessado o HomologNet?

Para utilizar o HomologNet é necessário acessar o Portal do Trabalho e Emprego na internet, no endereço <http:portal.mte.gov.br/portal-mte>. Em seguida clicar na imagem HomologNet rescisões e consultas, ou nos seguintes atalhos, sucessivamente: "Relações do Trabalho" e "Assistência e Homologação de Rescisão de Contrato de Trabalho". Os dois caminhos levam à página do HomologNet. Para o Usuário tomar conhecimento de como navegar no HomologNet, basta acessar o "Tutorial — Versão com Áudio e Vídeo", onde interativamente são demonstrados os passos a serem seguidos para elaboração de uma rescisão.

03.02. Como é feito o cadastro do empregador no HomologNet?

No endereço: <http://portal.mte.gov.br/ass_homolog/> clica-se no atalho sistema HomologNet. Uma vez na Página de Autenticação, clica-se em "Cadastre-se". A seguinte tela é apresentada, sendo que o ícone indica que o campo é de preenchimento obrigatório. O botão "Incluir Usuário" somente é habilitado quando o CNPJ/CEI e o CPF digitados são validados. O "CPF do Responsável" requerido é o da pessoa cadastrada junto à Receita Federal como responsável pela empresa, ou do próprio Empregador, no caso de CEI.

A tela seguinte é apresentada ao clicar-se no botão "Incluir Usuário". Quando informado "Vinculado ao escritório de contabilidade" as informações de identificação do escritório são requeridas para inclusão. Terminada a inclusão, o HomologNet envia uma mensagem eletrônica para o *e-mail* do usuário contendo a senha de acesso.

03.03. Cada usuário tem uma senha de acesso?

Cada usuário tem uma única e exclusiva senha de acesso.

03.04. Como se cadastra outro usuário para o mesmo empregador?

Uma vez já feito o cadastro da empresa no HomologNet na opção "Cadastre-se", os novos usuários deverão acessar a opção "Alterar" e realizar o seu cadastramento.

03.05. O Responsável pode atuar também como usuário do HomologNet?

O responsável pode cadastrar-se como usuário.

03.06. Quantos usuários podem ser cadastrados para um empregador?

É ilimitada a quantidade de usuários do HomologNet para um mesmo empregador.

03.07. O mesmo usuário pode ser cadastrado para mais de um empregador?

Um mesmo usuário pode ser cadastrado como usuário de vários empregadores. É o caso do contador ou de um funcionário vinculado a um Escritório de Contabilidade.

03.08. Como alterar a senha?

O HomologNet não possui a funcionalidade de alteração de senha de acesso. Se for necessário alterar a senha de acesso de um usuário, o mesmo deve ser excluído e cadastrado novamente. Nesse caso, uma nova senha será gerada automaticamente.

03.09. Como é feita a exclusão de um usuário?

Na tela inicial clica-se em "Alterar" e em seguida informam-se os dados solicitados: n. do CNPJ ou do CEI e CPF do responsável. Após a inserção dos dados, será aberta uma nova página que contém uma lista com todos os usuários cadastrados e o botão "Excluir" ao lado de cada nome. Deverá ser selecionado o nome a ser excluído e pressionado o botão "Excluir".

04. Cadastro de informações da rescisão no HomologNet

04.01. Como é realizado o cadastro (inclusão, alteração e exclusão) das informações referentes à rescisão de contrato de trabalho?

O cadastro de informações pode ser realizado de duas formas distintas, mediante:

a) o Módulo Internet que permite o cadastro e consulta das informações referentes a rescisões de contrato de trabalho na base de dados do MTE. Este Módulo apresenta a possibilidade do preenchimento dos dados *on-line*, **rescisão por rescisão**, por meio da utilização das seguintes abas (janelas): Empregador, Empregado, Contrato de Trabalho, Movimentações que ocorrem durante o contrato, Férias, 13º Salário, Dados Financeiros, Dados Auxiliares e Descontos. Após a digitação das informações necessárias, o usuário pode gerar o TRCT, uma vez que os cálculos foram realizados pelo HomologNet; e

b) o Módulo *Offline* que permite a exportação de arquivos XML para a base de dados do MTE, contendo informações de uma ou de várias rescisões de contrato de trabalho de um mesmo empregador. O arquivo XML segue o *layout* especificado pelo HomologNet e é gerado pelos sistemas do empregador. O acesso ao Módulo Offline se dá a partir do Módulo Internet, acessando-se a funcionalidade "Transmissão de Arquivo".

04.02. Como é produzido um arquivo para transmissão de informações de rescisão de contrato de trabalho?

As especificações sobre o arquivo de transmissão para o HomologNet podem ser consultadas a partir do atalho "Documentação", na página do HomologNet no Portal do Trabalho e Emprego, endereço: <http://portal.mte.gov.br/ass_homolog/>.

04.03. Como se identifica o que foi alterado no *Layout* do Arquivo de Importação?

Quando o Layout do Arquivo de Importação é alterado, o documento "HomologNet — Layout Arquivo de Importação" é atualizado em seu item: "(1) Particionamento em Arquivos — Orientação de Geração".

Para acessar o referido documento, clica-se no atalho disponível no endereço: <http://portal.mte.gov.br/ass_homolog/> Documentação. Apresentação do *Layout* do Arquivo de Importação.

04.04. No arquivo XML de importação de dados pelo HomologNet pode ser informado mais de um empregador?

O arquivo XML de importação de dados pelo HomologNet aceita que seja informado apenas um empregador. No entanto, em um mesmo arquivo de importação podem ser informadas uma ou várias rescisões de contrato de trabalho.

04.05. Na página inicial do Módulo Offline de transmissão de arquivos é requerido o preenchimento de campos contendo informações relativas às rescisões de contrato de trabalho. Essas informações devem valer para todas as rescisões incluídas no mesmo lote?

Na interface "Exportar Arquivo" são solicitadas algumas informações que devem ser comuns a todas as rescisões incluídas no arquivo a ser exportado. Por exemplo, é solicitado informar se a jornada de trabalho da semana foi cumprida integralmente. A resposta "Sim" ou "Não" deve valer para todas as rescisões incluídas no arquivo. Se houver conflito, devem ser enviadas em arquivos distintos.

04.06. No caso de rescisões rejeitadas pelo processamento do arquivo no momento da importação pelo HomologNet, o lote completo de rescisões deve ser reenviado ou somente as rescisões que foram rejeitadas?

Apenas as que foram rejeitadas precisam ser retificadas e reenviadas. No entanto, podem ser enviadas todas as rescisões do lote original novamente, tanto as que foram aceitas, quanto as que foram rejeitadas. Nesse caso, as rescisões aceitas anteriormente e reenviadas serão novamente processadas e serão referenciadas a um novo código Identificador de Arquivo. Ocorrendo reenvio de rescisão entre a emissão do TRCT e o aguardo da homologação correspondente, a rescisão reenviada será rejeitada. As rescisões que forem enviadas e não tiverem o TRCT emitido em até 90 dias serão descartadas do sistema HomologNet.

04.07. As informações de saída do HomologNet, como a discriminação das verbas rescisórias e das deduções, com seus respectivos valores, ficam disponíveis no HomologNet após a homologação da rescisão?

O TRCT objeto da homologação continua disponível para visualização no Módulo *On-line* do HomologNet.

04.08. Se os dados informados pelo empregador divergem dos direitos que as normas trabalhistas garantem ao trabalhador, como, por exemplo, o percentual mínimo de remuneração de horas extras, o HomologNet faz alguma crítica?

Com relação aos direitos garantidos pela legislação trabalhista ao Trabalhador, o HomologNet critica a informação prestada, aceitando-a desde que atenda ao mínimo previsto na legislação.

05. Especificidades de preenchimento

Aba Empregador

05.01. Como as Microempresas e Empresas de Pequeno Porte optantes pelo Simples Nacional preenchem os campos referentes à Contribuição Sindical Patronal?

Deve ser assinalado o campo "Conta Especial Emprego/Salário ou Optante Simples Nacional" da aba Empregador.

Aba Contrato

05.02. Como preencher o aviso-prévio indenizado/trabalhado no HomologNet?

Caso o aviso-prévio seja indenizado é só inserir no HomologNet a mesma data tanto no campo "Data do Afastamento", quanto no campo "Data do Aviso-Prévio". Caso o aviso-prévio seja trabalhado, a data do afastamento será igual a soma da data em que foi dado o aviso-prévio mais a duração/dias do aviso.

05.03. Como informar a data de afastamento na hipótese de aviso--prévio trabalhado em que o empregado faz opção por faltar os sete últimos dias do contrato de trabalho, conforme o parágrafo único, do art. 488 da CLT?

Havendo dispensa sem justa causa pelo empregador e na hipótese do aviso-prévio ser trabalhado, com o empregado optando por faltar os sete últimos dias do aviso-prévio (parágrafo único, do art. 488 da CLT), a data do afastamento será a do termo normal do aviso-prévio previsto; ou seja, a mesma data do término do aviso-prévio no caso do empregado optar pela redução de duas horas em sua jornada diária de trabalho (*caput* do art. 488 da CLT).

05.04. Como deve ser informada a Rescisão de Contrato de Aprendizagem?

No preenchimento *on-line* da rescisão de contrato de trabalho, no Módulo Internet, na aba Contrato, no campo Categoria do Trabalhador, deve ser selecionado 7 – Menor Aprendiz (Lei n. 10.097/2000), e na mesma aba, no campo Tipo do Contrato de Trabalho, deve ser selecionado 3 – Contrato de Trabalho por prazo determinado sem cláusula assecuratória de direito recíproco de rescisão antecipada.

Dependendo das hipóteses de rescisão do contrato do Aprendiz, as seguintes informações devem ser adicionalmente incluídas:

a) quando ocorre o término do contrato no prazo de duração pactuado: na aba Contrato, no campo Causa de Afastamento, deve ser selecionado PD0 – Extinção normal do contrato por prazo determinado.

b) quando o contrato de aprendizagem é rescindido antecipadamente nos termos dos incisos I a IV do art. 433 da CLT: na aba Contrato, no campo Causa de Afastamento deve ser selecionado RA1 – Rescisão antecipada, pelo empregado, do contrato por prazo determinado, e na aba Descontos, no campo Descontos, deve ser selecionado 9 – Prejuízo Causado ao Empregador, sem Justa Causa, pela Rescisão Antecipada (art. 480/CLT) e informado o valor 0,00.

05.05. O que é contrato de trabalho por prazo determinado "com" ou "sem" cláusula assecuratória de direito recíproco de rescisão antecipada?

Além do "Contrato de Trabalho Por Prazo Indeterminado", a CLT prevê dois outros tipos de contratos, quais sejam: "Por Prazo Determinado Com Cláusula Assecuratória de Direito Recíproco de Rescisão Antecipada" e "Por Prazo Determinado Sem Cláusula Assecuratória de Direito Recíproco de Rescisão Antecipada". A diferença entre eles está prevista no art. 481 da CLT, aplicando-se à rescisão do Contrato Por Prazo Determinado. Com Cláusula Assecuratória as mesmas regras de cálculo dos "Contratos Por Prazo Indeterminado":

> "Art. 481 – Aos contratos por prazo determinado, que contiverem cláusula assecuratória do direito recíproco de rescisão antes de expirado o termo ajustado, aplicam-se, caso seja exercido tal direito por qualquer das partes, os princípios que regem a rescisão dos contratos por prazo indeterminado."

05.06. Como informar o "Contrato de Experiência" no Sistema HomologNet?

Se a data do afastamento ocorrer até a data prevista de término do Contrato de Experiência, o "Tipo de Contrato de Trabalho" deve ser informado como "2 – Contrato de trabalho por prazo determinado com cláusula assecuratória de direito recíproco de rescisão antecipada" ou "3 – Contrato de trabalho por prazo determinado sem cláusula assecuratória de direito recíproco de rescisão antecipada". Se a data de afastamento ocorrer após a data de término do Contrato de Experiência, deve ser informado como "1 – Contrato de trabalho por prazo indeterminado" e informar a causa de afastamento, que não poderá ser "RA1 – Rescisão antecipada pelo empregado do contrato de trabalho por prazo determinado" ou "RA2 – Rescisão antecipada pelo empregador do contrato de trabalho por prazo determinado".

05.07. Como é preenchido o campo Data-Base da Categoria Profissional?

A Data-Base é informada no Módulo Internet, no formato "dia/mês" (dd/mm), sendo que a barra é preenchida automaticamente pelo sistema, ou seja, é necessário digitar apenas o dia e, em seguida, o mês.

05.08. Como informar contrato de trabalho a tempo parcial?

Segundo o art. 58-A da CLT, "considera-se trabalho em regime de tempo parcial aquele cuja duração não exceda a vinte e cinco horas semanais." No caso de contrato de trabalho a tempo parcial, deve ser informado:

a) No campo "Jornada de Trabalho Semanal Contratual", um valor não superior a vinte e cinco.

b) No campo "Contrato a Tempo Parcial" deve ser informado "SIM".

Aba Férias

05.09. Como informar férias parcialmente quitadas?

Na aba Férias, o sistema permite informar "Sim" ou "Não" com relação à quitação de férias. No exemplo a seguir (períodos de aquisição de 06/05/2006 a 05/05/2007; e de 06/05/2007 a 05/05/2008), se os valores relativos ao segundo período aquisitivo não foram quitados, ou foram quitados parcialmente, deve ser informado "Não". Dessa forma, os valores referentes às férias não quitadas serão incluídos no TRCT como verbas rescisórias. Para informar os valores pagos parcialmente, o empregador deve cadastrar um "Desconto Externo" e nele lançar esse valor pago parcialmente.

05.10. Como informar "faltas" nas abas "Férias", "13º Salário" e "Descontos"?

Os dias correspondentes às ausências informadas na aba "Movimentação", como por exemplo, movimentações relativas ao "Afastamento temporário por motivo de doença, por período superior a 15 dias" e o correspondente retorno, não devem ser informados/computadas como faltas nas abas Férias, 13º Salário e Descontos.

Na aba Férias deve ser informado, em número de dias, o total de faltas injustificadas ocorridas no período aquisitivo das férias informadas como não quitadas.

Na aba 13º Salário deve ser informado, mês a mês, em número de dias, o total de faltas injustificadas.

Na aba Descontos deve ser informado, em número de dias, o total de faltas injustificadas acrescidos do DSR.

05.11. Como preencher férias coletivas na aba "Férias"?

Períodos aquisitivos de férias são sempre de doze meses. Quando ocorrerem férias coletivas, o primeiro período aquisitivo no sistema HomologNet deve ser ajustado levando em consideração o retorno das férias coletivas. Caso no momento da rescisão ainda exista resíduo de férias coletivas a ser pago, isso deverá ser feito através de rubrica externa.

Aba Financeiro

05.12. Como criar e utilizar uma Rubrica Externa?

Havendo necessidade, e não existindo determinada rubrica na tabela apresentada pelo HomologNet, uma Rubrica Externa pode ser criada pelo Empregador. Uma vez criada, essa rubrica externa fica vinculada apenas a esse Empregador, não sendo exibida aos demais. Na criação da Rubrica Externa, informa-se a sua Descrição e o seu Código, chamado Código Externo. O campo Descrição é de livre preenchimento. O Código Externo segue as seguintes regras: numérico, com 3 (três) posições e acima de 099.

Para cada Rubrica Externa é assinalada a incidência ou não de INSS, IRRF e FGTS. Caso o campo correspondente seja assinalado, significa que há incidência. Caso contrário, não há incidência.

05.13. A regra de informação da remuneração do mês de afastamento é a mesma de informação da remuneração dos meses anteriores?

No preenchimento *on-line* da rescisão de contrato de trabalho, no Módulo Internet, na aba Financeiro, no campo Rubrica, deve-se clicar no ícone com a imagem de uma lupa para acessar uma lista para seleção de rubrica.

O atalho “Veja como informar salários no mês de afastamento e anteriores” permite acessar a Nota Metodológica que especifica as regras de preenchimento de rubricas salariais.

Exceto no mês de afastamento, devem ser informados os valores efetivamente pagos.

As rubricas salariais relativas ao mês de afastamento devem ser informadas conforme a coluna “Metodologia de Informação de Parâmetros” da Nota Medotológica. A Nota Metodológica pode também ser acessada no endereço eletrônico: <http://portal.mte.gov.br/ass_homolog/>.

05.14. Como informar a remuneração nos casos de movimentações em que a remuneração é suportada pela Previdência Social ou por terceiros?

Nos períodos correspondentes às movimentações “O1/Z2”, “O2/Z3”, “P1/Z7”, “P2/Z8”, “U3/Z11”, “R/Z4”, “W/Z12”, “Q2/Z14”, “Q4/Z15”, “Q5/Z16”, “Q6/Z17” e “Q3/Z13”, deve ser informada a remuneração efetivamente paga pelo empregador, não devendo ser considerada a parcela suportada pela Previdência Social. Não havendo remuneração cujo ônus seja do empregador, no mês correspondente não deve ser informado nenhum valor.

No período referente à movimentação “Q1/Z1”, quando o afastamento é motivado por Licença-maternidade, todas as remunerações do período devem ser informadas.

Cód.	Movimentação
O1	Afastamento temporário por motivo de acidente do trabalho, por período superior a 15 dias;
O2	Novo afastamento temporário em decorrência do mesmo acidente do trabalho;
P1	Afastamento temporário por motivo de doença, por período superior a 15 dias;
P2	Novo afastamento temporário em decorrência da mesma doença, dentro de 60 dias contados da cessação do afastamento anterior;
Q1	Afastamento temporário por motivo de licença-maternidade (120 dias);
Q2	Prorrogação do afastamento temporário por motivo de licença-maternidade;
Q3	Afastamento temporário por motivo de aborto não criminoso;
Q4	Afastamento temporário por motivo de licença-maternidade decorrente de adoção ou guarda judicial de criança até 1 (um) ano de idade (120 dias);
Q5	Afastamento temporário por motivo de licença-maternidade decorrente de adoção ou guarda judicial de criança a partir de 1 (um) ano até 4 (quatro) anos de idade (60 dias);
Q6	Afastamento temporário por motivo de licença-maternidade decorrente de adoção ou guarda judicial de criança a partir de 4 (quatro) anos até 8 (oito) anos de idade (30 dias);
R	Afastamento temporário para prestar serviço militar obrigatório;
U3	Aposentadoria por invalidez;
W	Afastamento temporário para exercício de mandato sindical;
Z1	Retorno de afastamento temporário por motivo de licença-maternidade, informado pela movimentação Q1;

Z2	Retorno de afastamento temporário por motivo de acidente do trabalho, por período superior a 15 dias, informado pela movimentação O1;
Z3	Retorno de novo afastamento temporário em decorrência do mesmo acidente do trabalho, informado pela movimentação O2;
Z4	Retorno do afastamento temporário para prestar serviço militar obrigatório, informado pela movimentação R;
Z7	Retorno de afastamento temporário por motivo de doença, por período superior a 15 dias, informado pela movimentação P1;
Z8	Retorno de novo afastamento temporário em decorrência da mesma doença, dentro de 60 dias contados da cessação do afastamento anterior, informado pela movimentação P2;
Z11	Retorno de aposentadoria por invalidez, informado pela movimentação U3;
Z12	Retorno do afastamento temporário para exercício de mandato sindical, informado pela movimentação W;
Z13	Retorno do afastamento temporário por motivo de aborto não criminoso, informado pela movimentação Q3;
Z14	Retorno da prorrogação do afastamento temporário por motivo de licença-maternidade, informado pela movimentação Q2;
Z15	Retorno de afastamento temporário por motivo de licença-maternidade, informado pela movimentação Q4;
Z16	Retorno de afastamento temporário por motivo de licença-maternidade, informado pela movimentação Q5;
Z17	Retorno de afastamento temporário por motivo de licença-maternidade, informado pela movimentação Q6.

05.15. Quando a rubrica Garantia é considerada informação obrigatória?

A rubrica "Garantia" é considerada informação obrigatória no mês em que é informada a rubrica "Comissão".

Aba Dados Auxiliares

05.16. Para que é informado se "A jornada de trabalho da semana do afastamento foi cumprida integralmente"?

Caso tenha sido informado que "a jornada de trabalho da semana do afastamento foi cumprida integralmente" é somado mais um dia ao valor assinalado no campo "quantidade de DSR a que o empregado faz jus no mês de afastamento, com exceção da última semana".

As informações refletem no valor do Descanso Semanal Remunerado (DSR) no TRCT.

05.17. Como informar se a jornada de trabalho da semana do afastamento foi cumprida integralmente no caso de escala de revezamento?

Se o empregado trabalha por escala de revezamento e ele cumpriu integralmente os dias de trabalho previstos na sua escala relativos à semana do afastamento, então, deve ser informado "SIM" para o quesito "A jornada de trabalho da semana do afastamento foi cumprida integralmente?".

05.18. Para que é informado se "A jornada do sábado da semana do afastamento foi compensada durante a semana"?

Caso tenha sido informado simultaneamente que "A jornada de trabalho da semana do afastamento foi cumprida integralmente" e que "A jornada do sábado da semana do afastamento foi compensada durante a semana", o sistema soma mais um dia (sábado compensado) ao número de dias trabalhados no mês do afastamento, para efeito de cálculo das verbas rescisórias.

Aba Desconto

05.19. Como criar e utilizar Desconto Externo?

Havendo necessidade, e não existindo determinado desconto na tabela apresentada pelo sistema, um Desconto Externo, pode ser criado pelo Empregador. Uma vez criado, esse desconto externo fica vinculado apenas a esse Empregador, não sendo exibido aos demais.

Na criação do Desconto Externo informa-se a sua Descrição e o seu Código, chamado Código Externo. O campo Descrição é de livre preenchimento. O Código Externo segue as seguintes regras: numérico, com 3 (três) posições e acima de 099.

Para cada Desconto Externo é assinalada a incidência ou não de INSS, IRRF e FGTS. Caso o campo correspondente seja assinalado, significa que há incidência. Caso contrário, não há incidência.

O Desconto Externo pode ser utilizado nas rescisões nas quais for aplicável, ficando disponível na aba Descontos.

05.20. O empregado retornou de férias e foi demitido (data de afastamento) no mesmo mês de retorno das férias. Como devo informar no HomologNet?

Se a data de afastamento estiver compreendida no mesmo mês de retorno de férias, os dias de férias referentes ao mês de afastamento já pagos, em conformidade com o art. 145 da CLT, devem ser informados como desconto "Compensação Dias de Salário Férias ref. Mês do Afastamento".

05.21. Para que é informada a data de quitação de verbas rescisórias?

A data de quitação das verbas rescisórias é utilizada para definir qual tabela do Imposto de Renda a ser Retido pela Fonte pagadora deverá ser utilizada. A empresa deve atentar quando a rescisão ocorrer entre os meses de dezembro de um ano e janeiro do ano seguinte, indicando "com segurança" a data de quitação das verbas rescisórias.

Além da necessidade tributária, a data de quitação também é utilizada para orientar o empregador quanto aos prazos previstos no § 6º do art. 477 da CLT, para quitação da rescisão:

a) até o primeiro dia útil imediato ao término do contrato; ou

b) até o décimo dia, contado da data da notificação da demissão, quando da ausência do aviso prévio, indenização do mesmo ou dispensa de seu cumprimento.

Caso a data informada não observe o prazo legal de quitação das verbas rescisórias o sistema apresenta a seguinte mensagem: "A Data de Quitação informada na incidência da Multa do § 8º do art. 477 da CLT (quitação fora do prazo legal). Caso o atraso não seja de responsabilidade do trabalhador, essa Multa poderá ser exigida no momento da homologação da rescisão. Caso devida, acesse a aba 'Financeiro' e informe no mês de afastamento o valor da Multa."

06. TRCT

06.01. Como é gerado o TRCT?

Após o preenchimento *on-line* ou a transmissão de dados concluídos sem inconsistências o TRCT pode ser gerado, salvo e impresso pelo Empregador.

Para a assistência é obrigatória a apresentação do TRCT, em quatro vias.

06.02. O TRCT pode ser retificado após ser transmitido pelo HomologNet?

Após a transmissão, o TRCT pode ser retificado desde que não tenha sido homologado. Se já homologado, ele poderá ser retificado apenas se houver decisão judicial cancelando o TRCT já homologado.

A retificação é realizada por meio do Módulo Internet: Rescisão/Retificar TRCT.

06.03. É necessário que o TRCT seja impresso com a orientação de página Vertical?

Em conformidade com o Anexo II da Portaria n. 1.621/2010, a orientação de página do TRCT é vertical (retrato ou portrait).

06.04. Como calcular o IRRF do empregado relativo a todos os pagamentos recebidos no mês do afastamento?

O sistema HomologNet faz o cálculo do IRRF apenas relativamente à rescisão, devendo o sistema de folha de pagamento da empresa apurar o IRRF devido relativo ao mês do afastamento.

07. ASSISTÊNCIA E HOMOLOGAÇÃO

07.01. O HomologNet exibe convenções e acordos coletivos de trabalho?

O HomologNet não verifica ou exibe convenções e acordos coletivos de trabalho. Eles estão disponíveis no Sistema Mediador.

07.02. As homologações podem ser agendadas?

O agendamento de homologações fica a critério da Chefia da Seção ou Setor de Relações do Trabalho da SRTE. É necessário entrar em contato com a Unidade do MTE e verificar se esta trabalha com agendamento.

07.03. Como são colhidas as assinaturas das partes?

Com a utilização do HomologNet, nem as partes nem o assistente assinam o TRCT, previsto no Anexo II da Portaria n. 1.621, de 2010.

As assinaturas são colhidas nos seguintes formulários, impressos no ato da assistência:

a) Termo de Homologação sem ressalvas, previsto no Anexo III da Portaria n. 1.621, de 2010;

b) Termo de Homologação com ressalvas, previsto no Anexo IV da Portaria n. 1.621, de 2010;

c) Termo de Comparecimento de uma das partes, previsto na Instrução Normativa SRT n. 15, de 2010;

d) Termo de Comparecimento de ambas as partes, sem homologação da rescisão em face de discordância quanto aos valores constantes no TRCT, previsto na Instrução Normativa SRT n. 15, de 2010; e

e) Termo de Compromisso de Retificação do TRCT, previsto na Instrução Normativa SRT n. 15, de 2010.

07.04. O HomologNet trouxe alguma alteração na forma de recolhimento do FGTS?

O sistema HomologNet nada alterou em relação ao recolhimento do FGTS.

2. Portaria n. 1.620, de 14 de julho de 2010

Institui o Sistema HomologNet.

O MINISTRO DE ESTADO DO TRABALHO E EMPREGO, no uso das atribuições que lhe conferem o art. 87, parágrafo único, inc. II, da Constituição Federal, e tendo em vista o disposto no art. 913 da Consolidação das Leis do Trabalho — CLT, aprovada pelo Decreto-lei n. 5.452, de 1º de maio de 1943, resolve:

Art. 1º Instituir o Sistema Homolognet para fins da assistência prevista no § 1º do art. 477 da CLT, a ser utilizado conforme instruções expedidas pela Secretaria de Relações do Trabalho — SRT.

Art. 2º Esta Portaria entra em vigor na data de sua publicação.

CARLOS ROBERTO LUPI

3. Portaria n. 1.621, de 14 de julho de 2010

Aprova modelos de Termos de Rescisão de Contrato de Trabalho e Termos de Homologação.

O MINISTRO DE ESTADO DO TRABALHO E EMPREGO, no uso das atribuições que lhe conferem o art. 87, parágrafo único, inc. II, da Constituição Federal, e tendo em vista o disposto no art. 913 da Consolidação das Leis do Trabalho — CLT, aprovada pelo Decreto-lei n. 5.452, de 1º de maio de 1943, resolve:

Art. 1º Aprovar os modelos de Termos de Rescisão de Contrato de Trabalho — TRCT e Termos de Homologação, que devem ser utilizados como instrumentos de quitação das verbas devidas nas rescisões de contrato de trabalho.

Art. 2º Nas rescisões contratuais sem necessidade de assistência e homologação, bem como naquelas em que não for utilizado o Homolognet, será utilizado o TRCT previsto no Anexo I desta Portaria.

Art. 3º Serão gerados pelo Homolognet, os seguintes documentos anexos a esta Portaria:

I – Termo de Rescisão de Contrato de Trabalho — Anexo II;

II – Termo de Homologação sem ressalvas — Anexo III; e

III – Termo de Homologação com ressalvas — Anexo IV.

Art. 4º É facultada a confecção do Termo de Rescisão de Contrato de Trabalho previsto no Anexo I em formulário contínuo e o acréscimo de rubricas nos campos em branco, de acordo com as necessidades das empresas, desde que respeitada a sequência das rubricas estabelecidas no modelo e nas instruções de preenchimento e a distinção dos quadros de pagamentos e deduções.

Art. 5º Os documentos previstos nesta Portaria poderão ser impressos em verso e anverso.

Art. 6º Esta Portaria entra em vigor na data de sua publicação.

Art. 7º Revoga-se a Portaria n. 302, de 26 de junho de 2002, sendo permitida a utilização, até o dia 31 de dezembro de 2010, do TRCT por ela aprovado.

CARLOS ROBERTO LUPI

3.1. Anexo I – Termo de Rescisão do Contrato de Trabalho

TERMO DE RESCISÃO DO CONTRATO DE TRABALHO					
IDENTIFICAÇÃO DO EMPREGADOR					
01 CNPJ/CEI	02 Razão Social/Nome				
03 Endereço (logradouro, n., andar, apartamento)				04 Bairro	
05 Município	06 UF	07 CEP	08 CNAE	09 CNPJ/CEI Tomador/Obra	
IDENTIFICAÇÃO DO TRABALHADOR					
10 PIS/PASEP	11 Nome				
12 Endereço (logradouro, n., andar, apartamento)				13 Bairro	
14 Município	15 UF	16 CEP	17 Carteira de Trabalho (n., série, UF)		
18 CPF	19 Data de nascimento	20 Nome da mãe			

DADOS DO CONTRATO			
21 Tipo de Contrato		22 Causa do Afastamento	
23 Remuneração Mês Anterior Afast.	24 Data de admissão	25 Data do Aviso-prévio	26 Data de afastamento
27 Cód. afastamento	28 Pensão Alimentícia (%) (TRCT)	29 Pensão alimentícia (%) (Saque FGTS)	30 Categoria do trabalhador
31 Código Sindical	32 CNPJ e Nome da Entidade Sindical Laboral		

DISCRIMINAÇÃO DAS VERBAS RESCISÓRIAS					
VERBAS RESCISÓRIAS					
Rubrica	Valor	Rubrica	Valor	Rubrica	Valor

50 Saldo de **xx**/dias Salário (líquido de **yy**/faltas acrescidas do DSR)	51 Comissões	52 Gratificações
53 Adicional de Insalubridade	54 Adicional de Periculosidade	55 Adicional Noturno aaa horas XXX%
56 Horas Extras aaa horas XXX%		
57 Gorjetas	58 Descanso Semanal Remunerado (DSR)	59 Reflexo do "DSR" sobre Salário Variável
60 Multa Art. 477, § 8º/CLT	61 Multa Art. 479/CLT	62 Salário-Família
63 13º Salário Proporcional ___/12 avos	64 13º Salário Exercício AAAA1 ___/12 avos	
65 Férias Proporcionais ___/12 avos	66 Férias Vencidas Per. Aquisitivo dd/mm/ AAAA1 a dd-1/mm/ AAAA2 ___/12 avos	
68 Terço Constitucional de Férias	69 Aviso-Prévio Indenizado	70 13º Salário (Aviso-Prévio Indenizado)
71 Férias (Aviso-Prévio Indenizado)		

				Total Rescisório Bruto	

DEDUÇÕES

Desconto	**Valor**	**Desconto**	**Valor**	**Desconto**	**Valor**
100 Pensão Alimentícia		101 Adiantamento Salarial		102 Adiantamento de 13º Salário	
103 Aviso-Prévio Indenizado		104 Multa art. 480/CLT		105 Empréstimo em Consignação	
112.1 Previdência Social		112.2 Previdência social – 13º Salário		114.1 IRRF	
114.2 IRRF sobre 13º Salário					
				Total das Deduções	
				Valor Rescisório Líquido	

FORMALIZAÇÃO DA RESCISÃO

150 Local e data do recebimento	151 Carimbo e assinatura do empregador ou preposto
152 Assinatura do Trabalhador	153 Assinatura do responsável legal do trabalhador

154 HOMOLOGAÇÃO

Foi prestada, gratuitamente, assistência ao trabalhador, nos temos do art 477, § 1º, da Consolidação das Leis do Trabalho – CLT, sendo comprovado, neste ato, o efetivo pagamento das verbas rescisórias acima especificadas.

Local e data

Carimbo e assiatura do assistente

155 Digital do trabalhador

156 Digital do responsável legal

157 Identificação do órgão homologador

158 Recepção pelo Banco (data e carimbo)

A ASSISTÊNCIA NO ATO DE RESCISÃO CONTRATUAL É GRATUITA.
Pode o trabalhador iniciar ação judicial quanto aos créditos resultantes das relações de trabalho até o limite de dois anos após a extinção do contrato de trabalho (Inc. XXIX, art. 7º da Constituição Federal/1988).

Instruções de Preenchimento:

— Os campos de número 01 a 116 serão preenchidos pelo empregador.

— Os campos de número 150 e 152 serão preenchidos pelo empregado, de próprio punho, salvo quando se tratar de analfabeto.

— Quando devida a homologação, a autoridade competente preencherá o campo 154 nas 4 (quatro) vias do Termo de Rescisão.

Campo 01 – Informar o número do Cadastro Nacional de Pessoas Jurídicas — CNPJ ou do Cadastro Específico do INSS — CEI.

Campo 08 – Informar a Classificação Nacional de Atividades Econômicas — CNAE.

Campo 09 – Informar a inscrição da empresa tomadora de serviços ou da obra de construção civil, quando for o caso.

Campos 19 e 24 – Formato DD/MM/AAAA.

Campo 21 – Informar o tipo de contrato, dentre as seguintes opções: 1. Contrato de trabalho por prazo indeterminado. 2. Contrato de trabalho por prazo determinado com cláusula assecuratória de direito recíproco de rescisão antecipada. 3. Contrato de trabalho por prazo determinado sem cláusula assecuratória de direito recíproco de rescisão antecipada.

Campo 22 – Informar a causa do afastamento do empregado.

Campo 25 – Formato DD/MM/AAAA. Informar a data em que foi concedido o aviso--prévio.

Campo 26 – Formato DD/MM/AAAA. Informar a data do efetivo afastamento do empregado do serviço.

Campo 27 – Indicar o código de afastamento, de acordo com as instruções normativas/operacionais da CAIXA.

Campo 28 e 29 – Indicar o percentual devido a título de pensão alimentícia, quando for o caso.

Campo 30 – Indicar a categoria do trabalhador, de acordo com as instruções normativas/operacionais da CAIXA.

Campo 31 – Informar o código sindical da entidade sindical laboral.

Campo 32 – Informar o CNPJ e o nome da entidade sindical laboral.

Campos 50 a 99 – Informar os valores das verbas rescisórias correspondentes às rubricas conforme relação abaixo:

Campo 50 – Saldo de Salário;

Campo 51 – Comissão;

Campo 52 – Gratificação;

Campo 53 – Adicional de Insalubridade;

Campo 54 – Adicional de Periculosidade;

Campo 55 – Adicional Noturno;

Campo 56 – Horas Extras (caso exista mais de uma verba diversa, criar os subitens 56.1, 56.2, 56.3 ...).

Campo 57 – Gorjetas.

Campo 58 – Descanso Semanal Remunerado (DSR).

Campo 59 – Reflexo do DSR sobre Salário Variável.

Campo 60 – Multa Art. 477, § 8º/CLT.

Campo 61 – Multa Art. 479/CLT.

Campo 62 – Salário-Família.

Campo 63 – Décimo-Terceiro Salário Proporcional.

Campo 64 – Décimo-Terceiro Salário Exercícios Anteriores (caso exista mais de uma verba diversa, criar os subitens 64.1, 64.2, 64.3 ...).

Campo 65 – Férias Proporcionais.

Campo 66 – Férias Vencidas (caso exista mais de uma verba diversa, criar os subitens 66.1, 66.2, 66.3 ...).

Campo 67 – Férias Vencidas (Reflexo/Dobra) (caso exista mais de uma verba diversa, criar os subitens 67.1, 67.2, 67.3 ...).

Campo 68 – Terço Constitucional de Férias.

Campo 69 – Aviso-Prévio Indenizado.

Campo 70 – Décimo-Terceiro Salário (Aviso-Prévio Indenizado).

Campo 71 – Férias (Aviso-Prévio Indenizado).

Campo 72 – Percentagem.

Campo 73 – Prêmios.

Campo 74 – Viagens.

Campo 75 – Sobreaviso.

Campo 76 – Prontidão.

Campo 77 – Adicional por Tempo de Serviço.

Campo 78 – Adicional por Transferência de Localidade de Trabalho.

Campo 79 – Salário Família Excedente ao Valor Legal.

Campo 80 – Abono/Gratificação de Férias Excedente 20 Dias Salário.

Campo 81 – Valor Global Diárias para Viagem — Excedente 50% Salário.

Campo 82 – Ajuda de Custo Art. 470/CLT.

Campo 83 – Etapas Marítimos.

Campo 84 – Licença-Prêmio Indenizada.

Campo 85 – Quebra de Caixa.

Campo 86 – Participação nos Lucros ou Resultados.

Campo 87 – Indenização a Título de Incentivo à Demissão.

Campo 88 – Bolsa Aprendizagem.

Campo 89 – Abonos Desvinculados do Salário.

Campo 90 – Ganhos Eventuais Desvinculados do Salário.

Campo 91 – Reembolso Creche.

Campo 92 – Reembolso Babá.

Campo 93 – Gratificação Semestral.

Campo 94 – Salário do Mês Anterior à Rescisão.

Campo 95 – Outras Verbas (caso exista mais de uma verba diversa, criar os subitens 95.1, 95.2, 95.3 ...).

Campo 96 – Indenização Art. 9º, Lei n. 7.238/1984.

Campo 97 – Indenização Férias Escolares.

Campo 98 – Multa do Art. 476-A, § 5º, da CLT.

Campo 99 – Ajuste do saldo devedor.

Campos 100 a 116 – Informar os valores das deduções correspondentes às rubricas conforme relação abaixo:

Campo 100 – Pensão Alimentícia.

Campo 101 – Adiantamento Salarial.

Campo 102 – Adiantamento de 13º Salário.

Campo 103 – Aviso-Prévio Indenizado.

Campo 104 – Indenização Art. 480 CLT.

Campo 105 – Empréstimo em Consignação.

Campo 106 – Vale-Transporte.

Campo 107 – Reembolso do Vale-Transporte.

Campo 108 – Vale-Alimentação.

Campo 109 – Reembolso do Vale-Alimentação.

Campo 110 – Contribuição para o FAPI.

Campo 111 – Contribuição Sindical Laboral.

Campo 112.1 – Previdência Social.

Campo 112.2 – Previdência Social — 13º Salário.

Campo 113 – Contribuição Previdência Complementar.

Campo 114.1 – IRRF.

Campo 114.2 – IRRF sobre 13º Salário.

Campo 114.3 – IRRF sobre Participação nos Lucros ou Resultados.

Campo 115 – Outros Descontos (caso exista desconto não especificado nos campos acima; havendo mais de um desconto, criar os subitens 115.1; 115.2 ...).

Campo 116 – Desconto de Valor Líquido de TRCT Quitado — Decisão Judicial.

Campo 150 – Assinatura do empregador ou de seu representante devidamente habilitado.

Campos 155 e 156 – Serão de preenchimento obrigatório quando se tratar de empregado e/ou representante legal analfabetos.

Campo 157 – Identificar o nome, endereço e telefone do órgão que prestou a assistência ao empregado. Quando for entidade sindical, deverá, também, ser informado o número do seu registro no Ministério do Trabalho e Emprego.

Campo 158 – Carimbo datador indicando a data de recepção do documento e o código do banco/agência.

3.2. Anexo II
Termo de Rescisão do Contrato de Trabalho

TERMO DE RESCISÃO DO CONTRATO DE TRABALHO
TRCT n.
Código de Segurança n.

IDENTIFICAÇÃO DO EMPREGADOR				
01 CNPJ/CEI	02 Razão Social/Nome			
03 Endereço (logradouro, n., andar, apartamento)				04 Bairro
05 Município	06 UF	07 CEP	08 CNAE	09 CNPJ/CEI Tomador/Obra

IDENTIFICAÇÃO DO TRABALHADOR			
10 PIS/PASEP	11 Nome		
12 Endereço (logradouro, n., andar, apartamento)			13 Bairro
14 Município	15 UF	16 CEP	17 Carteira de Trabalho (n., série, UF)
18 CPF	19 Data de nascimento	20 Nome da mãe	

DADOS DO CONTRATO			
21 Tipo de Contrato		22 Causa do Afastamento	
23 Remuneração mês anterior afast.	24 Data de admissão	25 Data do Aviso-prévio	26 Data de afastamento
27 Cód. afastamento	28 Pensão Alimentícia (%) (TRCT)	29 Pensão alimentícia (%) (Saque FGTS)	30 Categoria do trabalhador
31 Código Sindical	32 CNPJ e Nome da Entidade Sindical Laboral		

DISCRIMINAÇÃO DAS VERBAS RESCISÓRIAS					
VERBAS RESCISÓRIAS					
Rubrica	Valor	Rubrica	Valor	Rubrica	Valor

50 Saldo de **xx**/dias Salário (líquido de **yy**/ faltas acrescidas do DSR)	51 Comissões	52 Gratificações
53 Adicional de Insalubridade	54 Adicional de Periculosidade	55 Adicional Noturno aaa horas XXX%
56.1 Horas Extras aaa horas xxx%	56.2 Horas Extras bbb horas yyy%	56.3 Horas Extras ccc horas zzz%

57 Gorjetas		58 Descanso Semanal Remunerado		59 Reflexo do "DSR" sobre salário variável	
60 Multa art. 477, § 8º/CLT		61 Multa art. 479/CLT		62 Salário-Família	
63 13º Salário Proporcional xx/12 avos		64.1 13º Salário Exercício AAAA1 xx/21 avos		64.2 13º Salário Exercício AAAA2 xx/12 avos	
65 Férias Proporcionais xx/12 avos		66.1 Férias vencidas Per. Aquisitivo dd/mm/AAAA1 a dd/mm/AAAA2 kk/12 avos		66.2 Férias Vencidas Per. Aquisitivo dd/mm/AAAA1 a dd/mm/AAAA2 kk/12 avos	
68 Terço Constitucional de Férias					
71 Férias (Aviso-Prévio Indenizado)					
				Total Rescisório Bruto	

DEDUÇÕES					
Desconto	**Valor**	**Desconto**	**Valor**	**Desconto**	**Valor**
100 Pensão Alimentícia		101 Adiantamento Salarial		102 Adiantamento de 13º Salário	
103 Aviso-Prévio Indenizado		104 Multa art. 480/CLT		105 Empréstimo em Consignação	
112.1 Previdência Social		112.2 Previdência social – 13º Salário		114.1 IRRF	
114.2 IRRF sobre 13º Salário					
				Total das Deduções	
				Valor Rescisório Líquido	

3.3. Anexo III
Termo de Homologação Sem Ressalva

<table>
<tr><th colspan="3">TERMO DE HOMOLOGAÇÃO</th></tr>
<tr><td colspan="3">TRCT n.</td></tr>
<tr><td colspan="3">Código de Segurança n.</td></tr>
<tr><td colspan="3">Empregador</td></tr>
<tr><td>CNPJ/CEI</td><td colspan="2">Razão Social/Nome</td></tr>
<tr><td colspan="3">Trabalhador</td></tr>
<tr><td colspan="2">PIS/PASEP</td><td>Nome</td></tr>
<tr><td colspan="3">Órgão Prestador da Assistência à Homologação</td></tr>
<tr><td colspan="3">(nome do órgão)</td></tr>
<tr><td colspan="3">Foi prestada, gratuitamente, assistência na rescisão do contrato de trabalho, nos termos do artigo n. 477, § 1º, da Consolidação das Leis do Trabalho (CLT), sendo comprovado neste ato o efetivo pagamento das verbas rescisórias especificadas no corpo do TRCT n. xxxxxxxx, o qual faz parte do presente Termo de Homologação.
As partes assistidas no presente ato de rescisão contratual foram identificadas como legítimas conforme previsto na Instrução Normativa/SRT n. xxx/AAAA.</td></tr>
<tr><td colspan="3">(local/cidade (UF)), dd de mmmmmmm de aaaa.</td></tr>
<tr><td colspan="3">(assinatura do empregador ou preposto)</td></tr>
<tr><td colspan="2">(assinatura do trabalhador)</td><td>(assinatura do responsável legal do trabalhador)</td></tr>
<tr><td colspan="3">(carimbo e assinatura do assistente)</td></tr>
<tr><td colspan="3">A ASSISTÊNCIA NO ATO DE RESCISÃO CONTRATUAL É GRATUITA.
Pode o trabalhador iniciar ação judicial quanto aos créditos resultantes das relações de trabalho até o limite de dois anos após a extinção do contrato de trabalho (Inc. XXIX, art. 7º da Constituição Federal/1988).</td></tr>
</table>

3.4. Anexo IV
Termo de Homologação com Ressalva

TERMO DE HOMOLOGAÇÃO

TRCT N.	
Código de Segurança n.	

Empregador	
CNPJ/CEI	Razão Social/Nome

Trabalhador	
PIS/PASEP	Nome

Foi prestada, gratuitamente, assistência na rescisão do contrato de trabalho, nos termos do art. 477, § 1º, da Consolidação das Leis do Trabalho (CLT), sendo comprovado neste ato o efetivo pagamento das verbas rescisórias constantes do corpo do TRCT n. xxxxxxxx, o qual faz parte do presente termo de Homologação.

As partes assistidas no presente ato de rescisão contratual foram identificadas como legítimas conforme previsto na Instrução Normativa/SRT n. xxx/AAAA, tendo o empregado concordado expressamente com a homologação da rescisão.

Fica ressalvado o direito de o trabalhador pleitear judicialmente as seguintes diferenças salariais rescisórias:

(localidade (UF)), dd de mmmmmmmm de aaaa.

(assinatura do empregador ou preposto)	
(assinatura do trabalhador)	(assinatura do responsável legal do trabalhador)
(carimbo e assinatura do assistente)	

A ASSISTÊNCIA NO ATO DA RESCISÇAO CONTRATUAL É GRATUITA
Pode o trabalhador iniciar ação judicial quanto aos créditos resultantes das relações de trabalho até o limite de dois anos após a extinção do contrato de trabalho (Inc. XXIX, art. 7o da Constituição Federal/1988.

4. Instrução Normativa SRT n. 15, de 14 de julho de 2010

Estabelece procedimentos para assistência e homologação na rescisão de contrato de trabalho.

A SECRETÁRIA DE RELAÇÕES DO TRABALHO DO MINISTÉRIO DO TRABALHO E EMPREGO, no uso da atribuição que lhe confere o art 5º, inciso IX, do Regimento Interno da Secretaria de Relações do trabalho, aprovado pela Portaria Ministerial n. 483, de 15 de setembro de 2004, e tendo em vista o disposto nas portarias n. 1.620 e n. 1621 de 14 de julho de 2010 resolve:

Capítulo I

Seção I

Disposições preliminares

Art. 1º A assistência na rescisão de contrato de trabalho, prevista no § 1º do art 477 da Consolidação das Leis do Trabalho — CLT, aprovada pelo Decreto-lei n. 5.452, de 1º de maio de 1943, obedecerá ao disposto nesta Instrução Normativa.

Art. 2º Na assistência à rescisão do contrato de trabalho, o Sistema Homolognet, instituído pela Portaria n. 1.620 de 14 de julho de 2010, será utilizado gradualmente, conforme sua implantação nas Superintendências Regionais do Trabalho e Emprego, Gerências Regionais do Trabalho e Emprego e Agências Regionais.

§ 1º Nas rescisões contratuais em que não for adotado o Homolognet, será utilizado o Termo de Rescisão de Contrato de Trabalho — TRCT previsto no Anexo I da Portaria n. 1.621, de 14 de julho de 2010.

§ 2º Quando for adotado o Homolognet, serão utilizados os seguintes documentos:

I – Termo de Rescisão de Contrato de Trabalho, previsto no Anexo II da Portaria n. 1.621 de 2010;

II – Termo de Homologação sem ressalvas, previsto no Anexo III da Portaria n. 1.621, de 2010;

III – Termo de Homologação com ressalvas, previsto no Anexo IV da Portaria n. 1.621, de 2010;

IV – Termo de Comparecimento de uma das partes;

V – Termo de Comparecimento de ambas as partes, sem homologação da rescisão em face de discordância quanto aos valores constantes no TRCT.

Art. 3º O empregador, ao utilizar o Homolognet, deverá acessar o Sistema por meio do portal do MTE na *internet*: <www.mte.gov.br>, cadastrar-se previamente e:

I – incluir os dados relativos ao contrato de trabalho e demais dados solicitados pelo Sistema;

II – informar-se com o órgão local do MTE, para verificar a necessidade de agendamento da homologação; e

III – dirigir-se ao órgão local do MTE, munido dos documentos previstos no art. 22 desta Instrução Normativa.

Seção II

Disposições gerais

Art. 4º A assistência na rescisão de contrato de trabalho tem por objetivo orientar e esclarecer o empregado e empregador acerca do cumprimento da lei, bem como zelar pelo efetivo pagamento das parcelas rescisórias, e é devida:

I – nos contratos de trabalho firmados há mais de um ano;

II – quando o cômputo do aviso-prévio indenizado resultar em mais de um ano de serviço; e

III – na hipótese de aposentadoria em que ocorra rescisão de contrato de trabalho que se enquadre nos incs. I e II deste artigo.

Parágrafo único. Conta-se o prazo de um ano e um dia de trabalho pelo calendário comum, incluindo-se o dia em que se iniciou a prestação do trabalho.

Art. 5º Não é devida a assistência na rescisão de contrato em que são partes a União, os estado, os municípios, suas autarquias e fundações de direito público, e empregador doméstico, ainda que optante do Fundo de Garantia do Tempo de Serviço — FGTS.

Capítulo II

Seção I

Da competência

Art. 6º São competentes para prestar a assistência na rescisão do contrato de trabalho:

I – o sindicato profissional da categoria do local onde o empregado laborou ou a federação que represente categoria inorganizada;

II – o servidor público em exercício no órgão local do MTE, capacitado e cadastrado como assistente no Homolognet; e

III – na ausência dos órgãos citados nos incs. I e II deste artigo na localidade, o representante do Ministério Público ou o Defensor Público e, na falta ou impedimentos destes, o Juiz de Paz.

Art. 7º Em função da proximidade territorial, poderão ser prestadas assistências em circunscrição diversa do local da prestação dos serviços ou da celebração do contrato de trabalho, desde que autorizadas por ato conjunto dos respectivos Superintendentes Regionais do Trabalho e Emprego.

Seção II

Dos procedimentos

Art. 8º Diante das partes, cabe ao assistente:

I – inquirir o empregado e confirmar a veracidade dos dados contigos no TRCT;

II – verificar a existência de dados não lançados no TRCT, observados os prazos previstos no inc. XXIX do art. 7º da Constituição Federal.

Parágrafo único. O assistente deverá esclarecer às partes que:

I – a homologação da rescisão por justa causa não implica a concordância do empregado com os motivos ensejadores da dispensa; e

II – a quitação do empregado refere-se somente ao exato valor de cada verba especificada no TRCT.

Art. 9º São itens de verificação obrigatória pelo assistente:

I – a regularidade da representação das partes;

II – a existência de causas impeditivas à rescisão;

III – a observância dos prazos legais ou, em hipóteses mais favoráveis, dos prazos previstos em convenção ou acordo coletivo de trabalho ou sentença normativa;

IV – a regularidade dos documentos apresentados;

V – a correção das informações prestadas pelo empregador;

VI – o efetivo pagamento das verbas devidas;

VII – o efetivo recolhimento dos valores a título de FGTS e de Contribuição Social, prevista no art. 1º da Lei Complementar n. 110, de 29 de junho de 2001, devidos na vigência do contrato de trabalho;

VIII – o efetivo pagamento, na rescisão sem justa causa, da indenização do FGTS, na alíquota de 40% (quarenta por cento), e da Contribuição Social, na alíquota de 10% (dez por cento), incidentes sobre o montante de todos os depósitos de FGTS devidos na vigência do contrato de trabalho, atualizados monetariamente e acrescidos dos respectivos juros remuneratórios, não se deduzindo, para o cálculo, saques ocorridos; e

IX – indícios de qualquer tipo de fraude, especialmente a rescisão contratual que vise somente ao saque de FGTS e à habilitação ao Seguro-Desemprego.

Art. 10. No caso de incorreção ou omissão de parcela devida, o assistente deve solucionar a falta ou a controvérsia, por meio de orientação e esclarecimento às partes.

§ 1º Quando a incorreção relacionar-se aos dados do contrato de trabalho ou do empregado, tais como tipo do contrato de trabalho, categoria profissional, causa de afastamento, data de admissão e afastamento, percentual de pensão alimentícia a ser retida na rescisão, data do aviso-prévio, dentre outros, o TRCT deverá ser retificado pelo empregador, devendo o assistente lavrar o Termo de Compromisso de Retificação do TRCT.

§ 2º Havendo incorreções não sanadas, o assistente deve comunicar o fato ao setor de fiscalização do trabalho do órgão para as devidas providências.

§ 3º Desde que haja concordância do empregado, a incorreção de parcelas ou valores lançados no TRCT não impede a homologação da rescisão, devendo o assistente consignar as devidas ressalvas no HomologNet.

Art. 11. Na correção dos dados ou na hipótese do § 3º do art. 10 desta Instrução Normativa será impresso o Termo de Homologação gerado pelo Homolognet, que deverá ser assinado pelas partes ou seus prepostos e pelo assistente.

Parágrafo único. Devem constar das ressalvas:

I – parcelas e complementos não pagos e não constantes do TRCT;

II – matéria não solucionada, nos termos desta Instrução Normativa;

III – a expressa concordância do empregado em formalizar a homologação e

IV – quaisquer fatos relevantes para assegurar direitos e prevenir responsabilidades do assistente.

Seção III

Dos impedimentos

Art. 12. São circunstâncias impeditivas da homologação:

I – nas rescisões de contrato de trabalho por iniciativa do empregador, quando houver estabilidade do empregado decorrente de:

a) Gravidez da empregada, desde a sua confirmação até cinco meses após o parto;

b) Candidatura para o cargo de direção de Comissões Internas de Prevenção de Acidentes — CIPA, desde o registro da candidatura e, se eleito, ainda que suplente, até um ano após o final do mandato;

c) Candidatura do empregado sindicalizado a cargo de direção ou representação sindical, desde o registro da candidatura e, se eleito, ainda que suplente, até um ano após o final do mandato;

d) Garantia de emprego dos representantes dos empregados, titulares ou suplentes, em Comissão de Conciliação Prévia — CCP, instituída no âmbito de empresa, até um ano após o final do mandato; e

e) Demais garantias de emprego decorrentes de lei, convenção ou acordo coletivo de trabalho ou sentença normativa;

II – suspensão contratual, exceto na hipótese prevista no § 5º do art. 476-A da CLT;

III – irregularidade da representação das partes;

IV – insuficiência de documentos ou incorreção não sanável;

V – falta de comprovação do pagamento das verbas devidas;

VI – Atestado de Saúde Ocupacional — ASO com declaração de inaptidão; e

VII – a constatação de fraude, nos termos do inciso IX do art. 9º desta Instrução Normativa.

Seção IV

Das partes

Art. 13. É obrigatória a presença do empregado e do empregador para que seja prestada a assistência à rescisão contratual.

§ 1º Tratando-se de empregado com idade inferior a dezoito anos, será obrigatória a presença e a assinatura de seu representante legal no termo de homologação, exceto para os emancipados nos termos da lei civil.

§ 2º O empregador poderá ser representado por procurador legalmente habilitado ou preposto designado por carta de preposição em que se conste a referência a rescisão a ser homologada e os poderes para assinatura dos documentos na presença do assistente.

§ 3º O empregado poderá ser representado, excepcionalmente, por procurador legalmente constituído em procuração com poderes expressos para receber e dar a quitação e com firma reconhecida em cartório.

Art. 14. No caso de morte do empregado, assistência na rescisão contratual será prestada aos beneficiários habilitados perante o órgão previdenciário, reconhecidos judicialmente ou previstos em escritura pública lavrada nos termos do art. 982 do Código de Processo Civil, desde que dela se constem os dados necessários a identificação do beneficiário e a comprovação do direito, conforme o art. 21 da Resolução n. 35, de 24 de abril de 2007, do Conselho Nacional de Justiça, e o art. 2º do Decreto n. 85.845, de 26 de março de 1981.

Seção V

Do aviso-prévio

Art. 15. O Direito ao aviso-prévio é irrenunciável pelo empregado, salvo se houver comprovação de que ele obteve novo emprego.

Art. 16. O período referente ao aviso-prévio, inclusive quando indenizado, integra o tempo de serviço para os efeitos legais.

Art.17. Quando aviso-prévio for indenizado, a data da saída a ser notada na CTPS deve ser:

I – Na página relativa ao contrato de trabalho, a do último dia da data projetada para aviso-prévio indenizado; e

II – na página relativa às anotações gerais, a data do último dia efetivamente trabalhado.

Parágrafo único. No TRCT, a data de ser efetivamente consignada será a do último dia efetivamente trabalhado.

Art. 18. Caso o empregador não permita que o empregado permaneça em atividade no local de trabalho durante o aviso-prévio, na rescisão deverão ser obedecidas as mesmas regras do aviso-prévio indenizado.

Art. 19. É inválida a comunicação do aviso-prévio na fluência de garantia de emprego e de férias.

Subseção I

Da contagem dos prazos do aviso-prévio

Art. 20. O prazo de trinta dias correspondente ao aviso-prévio conta-se a partir do dia seguinte ao da comunicação, que deverá ser formalizado por escrito.

Parágrafo único. No aviso-prévio indenizado, quando prazo previsto no art. 477, § 6º, alínea *b*, da CLT recair em dia não útil, o pagamento poderá ser feito no próximo dia útil.

Art. 21. Quando o aviso-prévio for cumprido parcialmente, o prazo para pagamento das verbas rescisórias ao empregado será de dez dias contados a partir da dispensa de cumprimento do aviso-prévio salvo se o termo final do aviso ocorrer primeiramente.

Seção VI

Dos documentos

Art. 22. Para a assistência é obrigatória a apresentação dos seguintes documentos:

I – Termo de Rescisão do Contrato de Trabalho — TRCT, em quatro vias;

II – Carteira de Trabalho e Previdência Social — CTPS, com as anotações atualizadas;

III – livros ou ficha de registro de empregados;

IV – notificação de demissão, comprovante de aviso-prévio ou pedido de demissão;

V – extrato para fins rescisórios da conta vinculada do empregado no FGTS, devidamente atualizado, e guias de recolhimento das competências indicadas como não localizadas na conta vinculada;

VI – guia de recolhimento rescisório do FGTS e da contribuição social, nas hipóteses do art. 18 da Lei n. 8.036, de 11 de maio de 1990, e do art 1º da Lei Complementar n. 110, de 29 de julho de 2001;

VII – Comunicação da dispensa de requerimento do seguro-desemprego das rescisões sem justa causa;

VIII – atestado de saúde ocupacional demissional, ou periódico durante o prazo de validade, atendidas as formalidades especificadas na Norma Regulamentadora — NR-7, aprovada pela Portaria n. 3.214, de 8 de junho de 1978, e alterações posteriores;

IX – documento que comprove a legitimidade do representante da empresa;

X – carta de preposto e instrumentos de mandato que, nos casos previstos nos §§ 2º e 3º do art. 13 e no art. 14 desta instrução normativa, serão arquivados no órgão local do MTE que efetuou a assistência juntamente com a cópia do termo de homologação;

XI – prova bancária de quitação quando o pagamento for efetuado antes da assistência;

XII – o número de registro ou cópia do instrumento coletivo de trabalho aplicável; e

XIII – outros documentos necessários para diminuir dúvidas referentes a rescisão ou ao contrato de trabalho.

Seção VII

Do pagamento

Art. 23. O pagamento das verbas rescisórias constantes do TRCT Será efetuado em dinheiro ou em cheque administrativo no ato da assistência.

§ 1º O pagamento poderá ser feito, dentro dos prazos estabelecidos no § 6º do art. 477 da CLT, transferência eletrônica ou depósito bancário em conta-corrente ou poupança do empregado, facultada a utilização da conta não movimentável — com salário, previsto na resolução n. 3.402, de 6 de setembro de 2006, do Banco Central do Brasil.

§ 2º Para fins do disposto no § 1º desse artigo:

I – O estabelecimento bancário deverá se situar na mesma cidade local de trabalho; e

II – O empregador deve comprovar que nos prazos legais ou previstos em convenção ou acordo coletivo de trabalho o empregado foi informado e teve acesso aos valores devidos.

§ 3º O pagamento das verbas rescisórias será efetuado somente em dinheiro na assistência a rescisão contratual de empregado não alfabetizado ou na realizada pelos grupos especiais de fiscalização móvel, instituídos pela Portaria MTE n. 265, de 6 de junho de 2002.

Capítulo III

Seção I

Disposições finais transitórias

Art. 24. Não comparecendo uma das partes, ou na falta de homologação da rescisão em face de discordância quanto aos valores, o assistente emitirá os termos de comparecimento gerados pelo HomologNet.

Art. 25. Havendo homologação do TRCT, nos termos de homologação serão assinados pelas partes e pelo assistente e juntamente com as vias do TRCT, terão as seguintes destinações:

I – Três vias para o empregado;

II – uma via para o empregador.

Art. 26. A assistência prestada nas homologações de rescisões de contrato sem utilização do HomologNet obedecerá, no que couber, ao disposto nessa instrução normativa devendo ser observado;

I – o servidor público em exercício no órgão local do MTE, mediante ato próprio do Superintendente Regional do Trabalho e Emprego, ficará autorizado a prestar assistência da rescisão do contrato de trabalho;

II – em caso de incorreção de parcelas ou valores lançados no TRCT, o assistente deverá consignar as devidas ressalvas no verso;

III – é obrigatória a apresentação do demonstrativo de parcelas variáveis consideradas pra fins de cálculo dos valores devidos na rescisão contratual e de cópia do instrumento coletivo aplicável;

IV – o assistente deverá conferir manualmente os valores das verbas rescisórias.

Art. 27. Esta instrução normativa entra em vigor na sua data de publicação.

Art. 28. Fica revogada a Instrução Normativa n. 3, de 21 de junho de 2002.

Referências Bibliográficas

BERNARDES, Hugo Gueiros. *Direito do Trabalho*. v. I. São Paulo: LTr, 1989.

CAMPANHOLE, Adriano. *Consolidação das Leis do Trabalho*. São Paulo: Atlas, 2002.

CARRION, Valentin. *Comentários à Consolidação das Leis do Trabalho*. 24. ed. São Paulo: Saraiva, 1999.

DELGADO, Mauricio Godinho. *Curso de Direito do Trabalho*. 9. ed. São Paulo: LTr, 2010.

GARCIA, Roni Genicolo. *Manual de rotinas trabalhistas*. São Paulo: Atlas, 2003.

GUIMARÃES, João Carlos Siqueira. *Roteiro de legislação trabalhista*. 4. ed. São Paulo: LTr, 2000.

FURTADO, Emmanuel Teófilo. *Alteração do contrato de trabalho*. São Paulo: LTr, 1994.

MORAES FILHO, Evaristo de. *Tratado elementar de direito do trabalho*. Rio de Janeiro: Freitas Bastos, 1960.

OLIVEIRA, Aristeu de. *Manual de prática trabalhista*. São Paulo: Atlas, 2003.

OLIVEIRA, Francisco Antônio de. *Comentários à Consolidação das Leis do Trabalho*. 3. ed. São Paulo: Revista dos Tribunais, 2005.

PINTO, Raymundo Antônio Carneiro. *Súmulas do TST comentadas*. 8. ed. São Paulo: LTr, 2005.

SAMPAIO, José Damasceno. *O representante comercial autônomo*. Fortaleza: Iuris Publicações, 2007.

SÜSSEKIND, Arnaldo. *Curso de Direito do Trabalho*. 2. ed. Rio de Janeiro: Renovar, 2004.

TEIXEIRA FILHO, Manoel Antonio. *Ação rescisória no processo do trabalho*. São Paulo: LTr, 1998.

VASCONCELOS, Arnaldo. *Teoria da norma jurídica*. São Paulo: Forense, 1978.

ZANGRANDO, Carlos Henrique da Silva. *Curso de Direito do Trabalho*. v. II. São Paulo: LTr, 2008.